能說、好聽、不帶刺的

高段說話術

序言

人從呱呱落地的那天起，就會哭，在蹣跚學步的時候就學會了咿咿呀呀，在尚未能寫出自己的名字時，就學會了或簡單或複雜的表達方式。然而有些人一直到終老也未必能學會把話說得討人喜歡。

想想我們自己，是不是很多時候也在犯著同樣的錯誤，明明是好心，但總是讓人不滿意，明明沒有想刻意傷害誰，結果卻是讓別人拂袖而去。

生活中十有八九的不愉快也是因為不恰當的說話方式引起的，就像古代那個有名的「舌頭宴」。主人要奴隸去張羅一道世界上最美味的菜，奴隸上了一桌子舌頭，並且解釋說世界上最動聽的話莫不是從舌頭說出來而讓別人覺得幸福。主人心裡雖是服了，可是還想為難奴隸，於是又要他去準備一道世界上最難吃的菜肴，奴隸還是上了一桌子舌頭，同時解釋：世界上的仇恨、傷害也莫不是因為舌頭引起的。主人終於心服口服。

既然舌頭可以口吐蓮花妙語，為什麼我們要用它說出刻薄和怨恨的話去傷害其他人呢？為什麼我們不用最討人喜歡的方式說話？要知道，讓別人喜歡，自己也會覺得有成就感，不但求人辦事會更容易，而且自己內心也會覺得更加幸福和快樂。

究竟什麼是最討人喜歡的說話方式？有人以為口齒伶俐便是會說話，以為言語優美便是口才好，以為一味去稱讚別人、拍別人的馬屁就是一個八面玲瓏的人，這恐怕只是一種誤解。人們運用語言的目的，是交流思想，而不是表現口才。一說話就像演講一樣聲情並茂容易讓人對你敬而遠之，一開口就是「美女」「帥哥」，這樣又會讓別人覺得你過於輕浮。要知道，別人對你的印象大部分都是從你的言語中總結出來的。過於隨便或者過於賣弄，都會讓別人對你心存芥蒂。

所以，話說得再多、再動聽也未必有用，關鍵要說到點子上，語言優美固然是好事情，關鍵是要說到別人心裡去。

目錄

第一章 打開陌生人的話匣子

第二章 打圓場的說話技巧

目錄

第三章 嚴厲的話語如何溫柔表達

第四章 如何說能幫你巧妙脫身

目錄

第五章 善當聽眾，少說多聽多鼓勵

第六章 幽默是人脈的黏合劑

第七章 如何說話使求人辦事變容易

第八章

巧舌能戰的說話方式

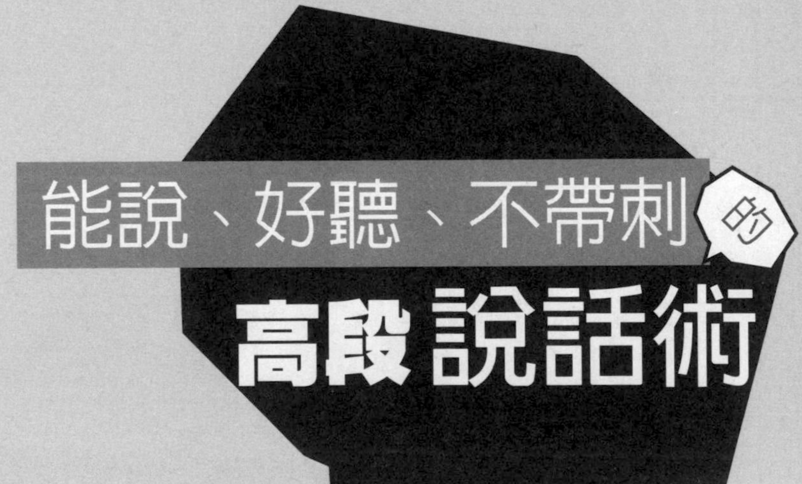
能說、好聽、不帶刺的
高段說話術

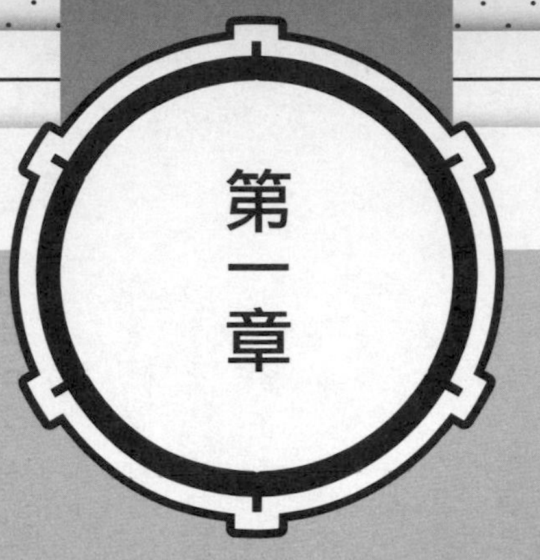

第一章

打開陌生人的話匣子

打破冷場的幾種技巧

初次與人交談，往往因為不熟悉，不瞭解而出現冷場，這是較令人難堪的局面。在人際關係中，冷場無疑是一種「冰塊」。打破冷場的技巧，就是及時融化「冰塊」，消除交往障礙的「碎冰機」。

陌生人之間存在以下幾種情況時，最容易因「話不投機」而出現冷場。

1、彼此不太熟悉。

2、年齡、職業、身分、地位差異大。

3、心境差異大。

4、興趣、愛好差異大。

5、性格、素質差異大。

6、平時意見不合，感情不和。

7、互相之間有利害衝突。

8、異性相處，尤其單獨相處時。

9、因長期不交往而比較疏遠。

10、性格均為內向者。

對於可能出現的冷場，應該具備一定的預見性，並採取措施加以預防，否則陷入冷場的談話會令雙方都很尷尬。

下面幾種方法可供借鑒：

▼一、針對對方的興趣談

老人最感興趣的話題是關於他們自己年輕時候的經歷；年輕人關注怎樣才能使自己的才能得以發揮，以及他們的工作、學習、業餘生活；年輕媽媽最感興趣的莫過於她們的孩子。

▼二、故意拋出錯誤觀點

有時裝作不懂的樣子，往往可以聽取他人更多的意見，讓他人的自炫心理得以滿足。反之，如果你表現得太聰明，人家即使要講，也有顧忌，怕比不上你。如果我們用「請教」的語氣說話，引起對方的優越感，就會引出滔滔話語。喜歡教人，而不喜歡受教於人，這是種普遍心理。

▼三、打破自己造成的沉默

如果是自己太清高、架子大，使人敬而遠之，而造成了雙方的沉默，在交談中應該主動些、客氣些、隨和些。如果是自己太自負，盛氣淩人，使對方反感，而造成了沉默，則要注意謙虛，多想想自己的弱點，適當褒揚對方的優點。

如果是自己口若懸河，講起話來漫無邊際，無休無止，而導致了對方的沉默，則要注意使自己的講話適可而止，給對方說話的機會，不要讓人覺得你在進行單方面的「傳教」。

▼四、鼓勵對方講話

為了鼓勵對方講話，你可以經常變換使用一些表示贊同的詞語，讓對方把話講完，把心中的想法傾吐出來。當對方受到鼓勵並獲得贊同意見時，他會感到自己受到了重視。創造信任的氣氛，這種氣氛有助於對方主動說話。

▼五、消除隔閡和陌生

如果因為彼此不瞭解，不知談什麼得體，那麼你就應該主動做自我介紹，並把話題擴展到盡可能廣泛的領域，從中發現雙方共同感興趣的內容。

如果你們剛剛發生了爭論而出現了沉默，那麼，你就應該冷靜下來，心平氣和地談些雙方無分歧的話題。

冷場的出現，跟你選擇的「話題」密切相關。「曲高和寡」會導致冷場，「淡而無味」同樣會引起冷場。不希望出現冷場的交談者，應當事先做些準備，使自己有一點「庫存話題」，並把它用隨和又恰當的方式表達出來。

在這裡向你提供一些有關的話題，幫你打破冷場：

1、對方的孩子。

2、對方個人的愛好。

3、對方的健康。

4、運動競賽。

5、影視戲劇。

6、新聞趣事。

7、日常生活中的「熱門話題」。

8、祖居地風情、特產。

9、旅遊、採購。

打破冷場當然沒有固定的模式，交談者應根據具體的時間、地點和對方的心理特點，以及造成冷場的原因，採取不同的方法和對策。

快速讓陌生人對你有好感

在我們的一生中，經常可以遇到這種情況：必須和一群不認識的人打交道。打破與他們之間的界限，消除無形的隔閡，順利的把自己的意見和思想傳達、灌輸給他們，使他們能欣然接受，並贊成擁護，甚至把他們變成自己的朋友，要做到這些絕對需要不凡的智慧。

「一見如故，相見恨晚」，歷來被視為人生一大快事。當今世界人際交往極其頻繁，參觀訪問、調查考察、觀光旅遊、應酬赴宴、交涉洽商……善於跟素昧平生者打交道，掌握「一見如故」的訣竅，不僅是一件快樂的事，而且對工作和學習大有裨益。那麼，如何才能做到「一見如故」呢？請看下面的例子：

富蘭克林．羅斯福剛從非洲回到美國，準備參加一九一二年的參議員競選。因為他是希歐多爾．羅斯福的侄子，又是一位有名的律師，自然知名度很高。在一次宴會上，大家都認識他，但羅斯福卻不認識所有的來賓。同時，他看得出雖然這些人都認識他，然而表情卻顯得很冷漠，似乎看不出對他有好感的樣子。

因此，羅斯福想出了一個接近這些自己不認識的人並能與他們搭話的主意。於是他對坐在自己旁邊的陸思瓦特博士悄聲說道：「博士，請你把坐在我對面的那些客人的大致情況告訴我，好嗎？」陸思瓦特博士便把每個人的大致情況告訴了羅斯福。

瞭解大致情況後，羅斯福假裝向那些不認識的客人提出了一些簡單的問題，經過交談，羅斯福從中瞭解到他們的性格特點和愛好，知道了他們曾從事過什麼事業，最得意的是什麼。掌握這些後，羅斯福就有了同他們交談的話題，並引起了他們的興趣。在不知不覺中，羅斯福便成了他們的新朋友。

一九三三年，羅斯福當上了美國總統，他依然採取和不認識者「一見如故」的說服術。美國著名的新聞記者麥克遜曾經對羅斯福總統的這種說服術評價道：「在每一個人進來謁見羅斯福之前，關於這個人的一切情況，他早已瞭若指掌。大多數人都喜歡順耳之言，對他們做適當的頌揚，就無異於讓他們覺得你對他們的一切事情都是知道的，並且都記在心裡。」

我們每一個人都應當學會與不認識的人「一見如故」，因為：

一、第一次和別人打交道時，雙方都不免有些拘謹，有層隔閡。如果能有人主動、大方的打破這層隔閡，對方也能很快融入進來，這種假的「一見如故」在雙方看來，就變成真的一見如故了。

二、很多時候我們只和一些人「擦肩而過」，但世界如此之小，在社會中生存的我們說不定什麼時候就會需要他們的幫助。到那時，你過去跟他「一見如故」的交往，會給你帶來豐厚的回報。

當你有機會預先知道你將遇見一位陌生人，那麼你就要預先向你們雙方都認識的朋友們，探聽一下對方的情形。關於他的職業、興趣、性格、過去的歷史等，你能夠知道得越詳細越好。不過，在其中的某些方面，你要提防你的朋友或許對這位你將認識的人有偏見。當你走進那位陌生者的住所時，你要能夠善於觀察，看看能不能找到一些線索使你對於他瞭解得更多一點。

在主人家的牆上，常常會找到瞭解對方的線索。要知道那牆上的東西，不同於那些笨重的桌椅傢俱。一般家庭的傢俱往往不是完全根據主人的喜好購置的，也不是隨時可以更換的東西。可是牆上、桌子上、窗臺上那些裝飾、擺設，卻常常展示著主人喜愛的情調、興趣的中心。如果你能把這些當作一個線索，不僅可以由此深入主人心靈的某一方面，同時也可能使你自己對人生、對世界增多一些見識。只要你能加以留心，在你所到過的別人房間裡面，無論是新交的，還是舊識的，你都可以發現主人的精神世界裡許多寶貴的東西。你只要能夠欣賞這些寶貴的東西，你不但可以交到無數的親切溫暖的好友，在你本來認為平庸無奇的人身上發現許多值得你學習的品德，而且也會使你自己的心胸日益開闊，使你自己的人生日益豐富。

牆上掛著什麼畫呢？是哪個畫家的畫呢？如果牆上掛的是些攝影，你能不能因此揣測對方是一個攝影的愛好者呢？如果他掛的是自己的傑作，你能不能因此曉得他個人對攝影的技術修養和愛好情趣？如果他所攝的景物不是本地的風光，是不是可以從這裡瞭解一下他過去的行蹤呢？他會告訴你這是他在何地拍攝的，往往因此會引起一段主人最有興趣、最想讓別人知道的故事，也因此會引起一段極愉快、極投機的談話。

不要限制自己的心智與發展，不要那麼褊狹的以為自己現在喜歡的東西，是世界上最美好的東西。世界實在是太廣大、太豐富了，人的生活也是多種多樣、多彩多姿的。若要做一個到處受人歡迎的興趣勃勃的人，請對人對事恢復一些你童年時代的好奇心吧！別人看的是些什麼書、什麼雜誌、什麼報紙，聽的是什麼音樂，在你去拜訪他的同時，還有些什麼客人也在場，他對這些人怎樣，他家庭裡還有些什麼其他的人，他怎樣向你介紹。只要你留心，就會使你增加許多瞭解他的線索。

用話題破解交談的瓶頸

俗話說「巧婦難為無米之炊」，沒有話題，一場談話就沒有焦點。光是空發話，沒有實際意思，那陌生人終究還是陌生人，陌生的局面終究化不開。

和陌生人說話最苦於找不到話題，怎樣巧找話題呢？那就要從具體情況出發去考慮，如果彼此完全陌生尚未相識，那就要察言觀色，以話試探，尋求共同點，抓住了共同點就是抓住了可談的話題。如果是因為話不投機，出現難題，那就只能求同存異，或是檢討自己的不妥之處，表示歉意，如果對方有什麼顧慮，或是沉默的原因不明，那就沒話找話，隨便找個話題，引起對方的興趣，說個笑話，談點趣聞都可以活躍氣氛。

從具體情況出發，可以選擇採取下面的方法：

▼一、你想瞭解什麼就問什麼，談什麼

在初次交往中，各自都有一定的意圖，那就可以依據你的意圖，提問求答，你想瞭解什麼就可以問什麼。但這樣做的時候要注意兩點：一是不要形成一串的盤問；二

是不要探聽對方的隱私。最好的做法是你想瞭解對方的什麼情況，你就先談自己的什麼情況，擴大自己的開放區域，來促使對方擴大開放區域，這樣就容易找到許多可談的話題。如果你想瞭解對方的業餘生活，可以問對方：平時有什麼興趣愛好？業餘時間喜歡做點什麼？但是很可能對方只說了「喜歡旅遊，聽聽音樂」這麼一句話，就不再說了。那你就談談自己的業餘愛好，談得具體、詳細一些，這樣就會引發對方的談興，使交談趣味相投。

與陌生人交談，一般都可以先提一些「投石」式的問題，在略有瞭解後再有目的地交談，便能談得較為自如。如在商業宴會上，見到陌生的鄰座，便可先投石詢問：「您是主辦人的同學呢，還是同事？」無論問話的前半句對，還是後半句對，都可循著對的一方面交談下去；如果問得都不對，對方回答說是「同鄉」，那也可談下去。假如是台南，你可以和他談赤崁樓、鹽水蜂炮，談台南的新變化等等，進而開始你與他的交談，也許他將來就是你事業上的合作夥伴呢！

▼二、就社會熱門問題進行交談

陌生的雙方剛一接觸，純屬個人生活的事情不宜多談，但可以對時下的人所共知的社會現象、熱門問題談談看法。如果對方對這一問題還不太清楚，你可以稍作介紹。例如，近期影響較大的社會新聞、電影、電視劇和報刊文章等，都可以作為談話的話題和接近的媒介。

▼三、從眼前和身邊的具體景物上找話題

（一）從雙方的工作內容尋找。相同的職業容易引起共鳴，不同的職業更具有新奇感與吸引力。

（二）從彼此的經歷中尋找。經歷是學問，親身經歷過的人和事往往會給你留下極深的印象。這種交流最易敞開心扉、最易見到真情。

（三）從雙方的發展方向尋找。人都關心自己的未來，前途與命運是長盛不衰的永恆的話題。人生若沒有前進的方向，生活便失去了動力。這類話題最易觸動對方敏感的神經。尤其是異性，更熱衷於此。

（四）注意家庭狀況。談家庭生活並不一定就是俗氣。家庭是社會的細胞，家庭生活的完美、和諧是每個人的理想。這類話題不必做準備，隨時都可談論，凡是有思想的人都可以從中發現許多人生的哲理。

（五）關注子女教育。孩子是父母生活的希望，孩子的教育牽動每個家長的心。憐子、愛子、望子成龍是家長的共同心理。談及孩子，即使是性格內向的人，也會眉飛色舞、滔滔不絕。

另外，在話題的選擇下，還有一些講究必須注意：例如不談對方深以為憾的缺點

和弱點；不談上司、同事以及一些朋友們的壞話；不談人家的隱私；不談不景氣、手頭緊之類的話；不談一些荒誕離奇、黃色淫穢的事情；不詢問婦女的年齡、婚否、家庭財產等事情；不說個人恩怨和牢騷；不說一些尚未明辨的隱衷是非；避開令人不愉快的疾病詳情；忌誇自己的成就和得意之處。

有了話題，才能打開「瓶頸」，接下來的談話才會順利。

激起對方的說話情緒

在某些沉悶的環境裡，很多人不願意開口跟陌生人說一句話，那是出於防備心理和自尊心理，在這種時候，你應該學會如何去激起說話對象的某種情緒，讓他慢慢開始滔滔不絕。

假設你正在搭著火車，你已坐了很久了，而前面還有很長的一段路程。你想與他人說說話，這是人類的群體性在和你作祟，而你要盡力使你的談話裡顯得有趣和富有刺激性。坐在你旁邊的一位像是一個頗有趣的傢伙，而你頗想能知道他的底細，於是你便搭訕道：「對不起，請問你有筆嗎？」

可是他一句話也不講，只是點點頭，從包包裡拿出了一支筆給你。你寫好了，在還給他時說了聲「謝謝」，他又點了點頭，然後把筆放進了包包裡。

你繼續說：「真是一條又漫長又無聊的旅程，你是否也有這種感覺？」

「是啊，真討厭。」他開始同意你的意見，而且語調中包含著不耐煩的意味。

「若看看一路上的稻田，倒會使人高興一點。」

「嗯……」他含糊地應答著。

這時你也沒有勇氣說下去了。你在農業這個方面，給他一個表現興趣的機會，他若是個農夫，那麼他一定會接下來發表一番他的看法。

假若一個話題對他富有興趣，那麼無論他是如何沉默的一個人，他也會發表一些言論。因此你在談話的停滯之中，思考了一番後，又重新開始了。

「天氣真好，爽快極了！」你說：「真是理想的賽球時節。今年秋季有好幾個大學的球隊都很出色呢！」

那位坐在你身旁的乘客坐直起來了，他的目光也開始注意起你來了。

「你看理工大學球隊怎麼樣？」他問。

你回答：「理工大學隊很好，雖然有幾個老將已經離隊，但是有幾位新人卻也都很不錯。」

「你聽過一個叫李品鈺的球員嗎？」他急著問。你的確聽說過這個球員，而且發現此人和李品鈺長得很像，所以立刻判斷李品鈺一定跟這個人有家族關係。

於是你說：「他是一個強壯有力、有技巧，而且品行很好的青年。理工大學隊如果少了這位球員，恐怕實力將會大減。但是李品鈺快要畢業了，以後這個隊如何還很難說。」聽了你這樣一番話，這位乘客一定會興高采烈滔滔不絕的談了起來。可見，你激發了他說話的情緒，情緒一上來，就很難控制，於是接下來的旅程你就會覺得很短暫了。

有的時候，透過發掘彼此的共同點，或者發現彼此之間某一方面的聯繫，也能夠迅速調動起對方的情緒。

一九八四年五月，美國總統雷根訪問上海復旦大學。在一間大教室裡，雷根總統面對數百位初次見面的復旦學生，他的開場白是這樣說的：「其實，我和你們學校有著密切的關係。你們的謝希德校長與我的夫人南茜，都是美國史密斯學院的校友。照此看來，我和在座各位自然也就都是朋友了！」

此話一出，全場鼓掌。短短的兩句話，就使幾百位黑頭髮黃皮膚的中國學生把這位碧眼高鼻的洋總統當作了十分親近的朋友。接下去的交談自然十分熱烈，氣氛極為融洽。雷根總統能在如此短的時間內打動如此多的陌生人，拉近心理上的距離，靠的就是他緊緊抓住了彼此之間還算親近的關係。

一般來說，對一個素不相識的人，只要事前作一番認真的調查研究，你往往都可以找到或明或暗，或近或遠的親友關係。而當你在見面時及時拉上這層關係，就能一下子縮短心理距離，使對方產生親近感。進而打破那種凝重、緊湊的空間感，啟動對方說話的心態。

例如，有些採訪者面對不合作的陌生對象，很會添趣助興。

一九八八年十月，陳伯達刑滿釋放不久，著名作家葉永烈去採訪他。曾顯赫一時而今剛度過十八年鐵窗生涯的陳伯達感到往事不堪回首：「公安部提審我，我作為犯人，不能不答覆提問。對於採訪，我可以不接待，不答覆。」對於這位對自己不抱歡迎態度的採訪對象，葉永烈有充分的心理準備。如何開場才能使他知道我毫無惡意？該用怎樣的語言才能使他跟我愉快的合作？一進門，葉永烈說了這樣一番話：

「哈哈，還記得一九五八年那年，您到北京大學作報告，我當年就是坐在學生席中聽的。那時您還帶來一個『翻譯』，把您說的閩南話翻譯成普通話。我平生還是頭一次見到中國人向中國人作報告，還要帶個『翻譯』！」

多麼有趣的往事啊，陳伯達一聽也不禁哈哈大笑，感到眼前這位不速之客很親近，氣氛一下子變得輕鬆起來。真是「柳暗花明又一村」，原先尷尬的採訪終於能夠順利的進行下去，葉永烈四十五萬字的《陳伯達傳》由此就添了不少第一手資料。

有些和陌生人談話的場合是不可避免的，那種緊張壓抑的氣氛抑制大家說話的勇氣，這時，必須想辦法挑起快樂的情緒，讓所有人都參與到交談當中。當你遇見一個沉默寡言的陌生人時，他所表現出的沉默寡言並不是不願說話，而是需要你引導他們去說話，這種時候你就要好好想一個話題去激發他的情緒。

談論別人感興趣的話題

「酒逢知己千杯少」，兩個意氣相投的人在一起總覺得有說不完的話。因此，我們在和陌生人交往時，不妨多多尋求彼此在興趣、性格、閱歷等方面的共同之處，使雙方在越談越投機的過程中獲得更多關於對方的資訊，迅速拉近距離，增進感情。美國耶魯大學的威廉·費爾浦斯教授，是個有名的散文家。他在散文《人類的天性》中寫道：

在我八歲的時候，有一次到莉比姑媽家度週末。傍晚時分，有個中年人慕名來訪，但姑媽好像對他很冷淡。他跟姑媽寒暄過一陣之後，便把注意力轉向了我。那時，我正在玩模型船，而且玩得很專注。他看出我對船隻很感興趣，便滔滔不絕講了許多有關船隻的事，而且講得十分生動有趣。等他離開之後，我仍意猶未盡，一直向姑媽提起他。姑媽告訴我，他是一位律師，根本不可能對船隻感興趣。

「但是，他為什麼一直跟我談船隻的事呢？」我問道。

「因為他是個有風度的紳士。他看你對船隻感興趣，為了讓你高興並贏得你的好感，他當然要這麼說了。」

談論別人感興趣的東西能夠很容易拉近人與人之間的距離。

馬里蘭州的愛德華．哈里曼，退伍之後選擇了風景優美的坎伯蘭谷居住，但是在這個地區很難找到工作。哈里曼透過查詢得知一位名叫方豪瑟的企業家，控制了附近一帶的企業。這位白手起家的方豪瑟先生引起了哈里曼的好奇心，他決定去造訪這位難以接近的企業家。

哈里曼如此記載了這段經歷：

透過與附近一些人的交談，我知道方豪瑟先生最感興趣的東西是金錢和權力。他聘用了一位極忠誠而又嚴厲的祕書，全權執行不讓求職者接近的任務。之後我又研究了這位祕書的愛好，然後出其不意地去到她的辦公室。

這位祕書擔任保護方豪瑟的工作已有時五年之久，見到她後，我開門見山地告訴她，我有一個計畫可以使方豪瑟先生在事業和政治上大獲其利。她聽了頗為動容。接著，我又開始稱讚她對方豪瑟先生的貢獻。這次交談使她對我產生了好感，隨後她為我安排了一個時間會見方豪瑟先生。

進到豪華巨大的辦公室之後，我決定先不談找工作的事。那時，他坐在一張大辦公桌後面，用如雷的聲音問道：「有什麼事，年輕人？」

我答道：「方豪瑟先生，我相信我可以幫你賺到許多錢。」

他立刻起身，引我坐在一張大椅子上。我便列舉了好幾個想好的計畫，都是針對他個人的事業和成就的。果然，他立刻聘用了我。二十多年來，我一直在他的事業裡與他同時成長。

談論別人感興趣的話題，對雙方都有好處：不僅可以使人對你產生興趣，欽佩你，而且可以使自己更關心別人，同時也讓別人關心自己的要求。

尋找對方身上的優點

「尺有所短，寸有所長。」人人都有可供誇耀的長處，也都有避之唯恐不及的短處。跟初交者交談時，如果以直接或間接的讚揚對方的長處作為開場白，就能使對方高興，對你產生好感，交談的積極性也就得到極大激發。反之，如果有意或無意的觸及對方的短處，對方的自尊心受到傷害，就會感到「話不投機半句多」。被譽為「銷售權威」的霍依拉先生的交際訣竅是：初次交談一定要揚人之長避人之短。

有一回，為了替報社拉廣告，他拜訪梅伊百貨公司總經理。寒暄之後，霍依拉突然發問：「您是在哪兒學會開飛機的？總經理能開飛機可真不簡單啊！」話音剛落，總經理興奮異常，談興勃發，廣告之事順理成章的安排給了霍伊拉先生。

由此可見，就對方身上的優點開始談話是會得到意想不到的效果。之所以會這樣，也是有依據的。無數事實證明：每個人都希望被讚美，但關鍵是如何找到別人可讚美的優點。如果沒有找到別人的優點而只是盲目的讚美，或者是讚美起來沒完沒了，那後果可就糟糕極了。

就比如我們要是對一位清潔工人進行這樣的讚美：「你真是一位成功人士呀！你具備非凡的氣質，你是一位非常偉大的人！」對方一定會認為我們是神經病，因為這些話好像跟他沒有任何關係。

此外，有些人很善於找到別人身上的優點，但因為沒有掌握住讚美的分寸，喋喋不休的讚美，那後果也是不可設想的。比如，日本超級保險推銷員原一平剛開始運用讚美時就犯下了一個錯誤。

原一平到一位年輕的小公司老闆那裡去推銷保險。進了辦公室後，他便讚美年輕老闆：「您如此年輕，就做上了老闆，真了不起呀，在我們日本是不太多見的。能請教一下，您是幾歲開始工作嗎？」

「十七歲。」

「十七歲！天哪，太了不起了，這個年齡時，很多人還在父母面前撒嬌呢！那您什麼時候開始當老闆呢？」

「兩年前。」

「哇，才做了兩年的老闆就已經有如此氣度，一般人還真培養不出來。對了，你怎麼這麼早就出來工作了呢？」

「因為家裡只有我和妹妹，家裡窮，為了能讓妹妹上學，我就出來工作了。」

「你妹妹也很了不起呀，你們都很了不起呀。」

就這樣一問一讚，最後讚到了那位年輕老闆的七大姑八大姨，越讚越遠了。最後，這位老闆本來已經打算買原一平的保險的，結果也不買了。後來，原一平才知道，原來那天自己的讚美沒完沒了，本來剛開始時，他聽到幾句讚美後，心裡很舒服，可是原一平說得太多了，搞得他由原來的高興變得不勝其煩了。

由此我們也可以看出：不僅要會找對方的優點加以讚美，而且要注意讚美的分寸，不要到最後弄得過猶不及。

平時當我們到朋友家裡做客時，看到客廳牆上有一幅山水畫，我們往往會情不自禁地贊許道：「這幅畫真不錯，給這客廳平添了幾分神韻，顯出了幾分雅致，誰買的？眼力可真好！」也許，這句話只是我們不經意間隨便說出來的，但我們的朋友會感到很欣慰，心中的滋味一定很不錯。

對於業務人員，和顧客初次接觸也可以這樣。一番寒暄過後，身旁的一切都可以成為恭維的話題。可以對接待室的裝潢設計讚歎一番，還可以具體的談及一下桌上、地上或是窗臺上的花卉或盆景等。這些花卉和盆景造型如何新穎獨特，顏色亮度等又是如何搭配得當，甚至還可以對它們的擺放位置用「恰到好處，錯落有致」一類的詞語來形容一番。

想像力豐富和具有創造精神的業務員經常能找出對方的優點，並加以巧妙讚美。因為讚美是說給人聽的，讚美對象時，必須與人掛上鉤不可，我們只是稱讚東西有什麼特色，是無法突出對人的讚賞的。要緊緊盯住對方的知識、能力和品味進行稱讚。

如果我們喜歡自己的顧客，就不難發現他值得讚美的地方。

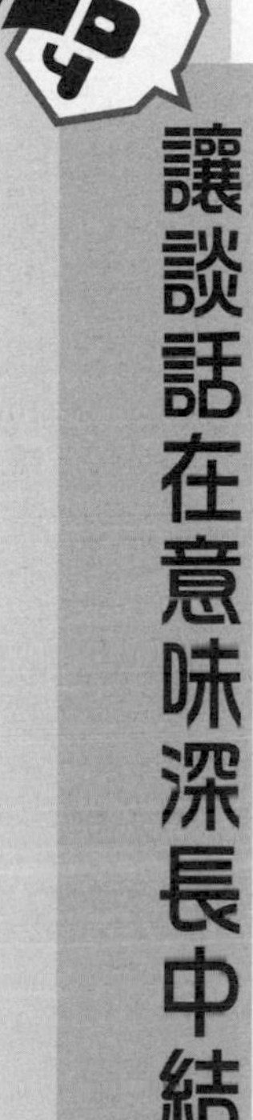

我們在與陌生人交談結束時，運用「再會」之類的告別語顯得千篇一律，太俗太空。這樣一來，努力設計能給對方留下深刻印象的告別語就很有必要。

一般來說，通常有以下幾種收尾方法：

▼一、關照式收尾

關照式收尾，是交談雙方說完了自己的想法、意見或流露了某些內心意向之後、覺得談話中的有些話和問題帶有範圍性、對象性、保密性和重點性，當交談即將結束時，就關照對方不要將其中的某些話張揚出去。譬如：

「剛才我講的一些話，是一些不成熟的看法，我覺得不必讓他人知道，請你不要傳出去，以免引起麻煩……」

「小陳，我要講的都講了，全是心裡話。有關小黃的事你千萬不要告訴別人，不然會鬧出大亂子來的。」

這種收尾方式，有提起注意、防患於未然和強調重點的作用，能使交談的對方增進瞭解並增強「使命感」、「責任感」。

▼二、**祝福式收尾**

祝願式收尾，不僅具有較強的禮節性和情趣性，而且還具有極大的鼓動力。如果再加上適當的口語修辭，它的效果一定會非常顯著。如：「再見吧，路上保重。祝你一帆風順！」

「時間不等人，生活就是努力，抓緊時間，就等於延長生命。我祝福你是這樣一個人，再見！」

▼三、**道謝式收尾**

這種收尾方式在交談藝術中具有較強的禮節性，它的基本特徵是用講「客氣話」作為交談的結束語和告別話。道謝適用的場景和對象是最廣泛的，無論是上下級、同事、親朋還是熟人、鄰舍以及初交者之間都是適宜的。譬如：在同事相互間的思想啟迪性交談即將結束時，從談者可用「聽君一席話，勝讀十年書」、「你對我學習上的幫助和生活上的關懷，讓我感激不已」結束。

「在您的悉心指導下，我明白了自己的責任，我一定按您的指教去做。謝謝您了，再見！」

▼四、徵詢式收尾

交談完畢，主談者根據自己的交談目的與交談後的吻合情況向對方徵求意見、說明、要求或建設性的忠告、勸誡等等，這就是徵詢式收尾。譬如：

「宋先生，隨著我們接觸的增多和瞭解的深入，你一定察覺出我有許多缺點，你覺得我最糟糕的『毛病』是什麼？希望你下次開誠佈公的提出來。」

當你與陌生下屬交談工作結束時，你應該說：「你還有別的什麼要求和意見嗎？」「你生活上還有什麼困難和要求嗎？在能力範圍內，我將全力幫你解決……」下屬也應同樣徵詢對方：「除了工作之外，你對我還有其他意見和看法嗎？如果現在想不起來，日後儘管提，我是不會計較別人對我提意見的……」

▼五、歸納式收尾

這種收尾方式，通常在陌生人之間非形式性交談中使用。譬如：「周麗婷，聽了妳的情況介紹後，我覺得問題的關鍵是第一點，我們是做他人思想工作的，如能統一人心，其他問題也就迎刃而解了……」

歸納式收尾，由於條理清晰，中心突出，重點再現，這樣對方交談的目的和內容，雙方的思想和意見就能清楚交流，收到言簡意賅、重點突出、明朗爽快的效果。

▼六、邀請式收尾

邀請式收尾的基本特徵是運用社交手段向對方發出禮節性邀請或正式邀請。前者的效用體現了「客套式」所需的禮儀；後者則表現了友誼的生命力。

「客套式」邀請：「如果您下次途經高雄，請到我們家來做客。再見！」

正式邀請：「今天我們就談到這裡吧，星期三晚上六點請你到我家吃頓便飯，那時我們再長談吧。再見！」

以上這兩種邀請式收尾語，在社交場合與陌生人講話是必不可少的。「客套式」邀請也是一種禮節；正式邀請更是一種友好和友誼的表示。運用這種結束語，肯定會贏得陌生人最大的贊同。

與陌生人交談的結束語的表達方法多種多樣，只要我們能夠駕馭情境，正確審視對象，選擇正確、得體的話語，交談結束時，不僅會非常得體、有趣，而且還會餘韻猶存，感人至深。

第二章

打圓場的說話技巧

打圓場要讓雙方都滿意

在別人發生爭論的時候，夾在中間的滋味是比較尷尬的。作為爭論的局外人，我們應當善於打圓場，讓紛爭得到及時化解。但是在打圓場的時候，一定要注意一個問題，就是要不偏不倚，讓雙方都認為你沒有偏向。否則，只能是火上澆油，還不如不說。

清末的陳樹屏口才極好，善解紛爭。他在江夏當知縣時，張之洞在湖北任督撫，譚繼詢任撫軍，張譚兩人素來不和。一天，陳樹屏宴請張之洞、譚繼詢等人。當座中談到長江江面寬窄時，譚繼詢說江面寬是五里三分，張之洞卻說江面寬是七里三分。雙方爭得面紅耳赤，本來輕鬆的宴會一下子變得異常尷尬。

陳樹屏知道兩位上司是藉題發揮，故意爭鬧。為了緩和宴會氣氛，更不得罪兩位上司，他說：「江面水漲就寬到七里三分，而落潮時便是五里三分。張督撫是指漲潮而言，而譚撫軍是指落潮而言，兩位大人都說得對。」

陳樹屏巧妙的將江寬分解為兩種情況，一寬一窄，讓張譚兩人的觀點在各自情況下都顯得正確。他們聽了下屬這麼高明的圓場話，也不好意思再爭下去了。

有時候，爭執雙方的觀點明顯不一致，這時就不能「和稀泥」。如果你能把雙方的分歧點分解為兩個方面，讓分歧在各自的方面都顯得正確，這必定是個上乘的辦法。

春節放假前，某單位舉行文藝比賽，管理人員和員工分成兩組，根據所選的道具自行編排和表演節目，然後進行評比。表演結束後，沒等主持人說話，坐在下面的人就已經吵成兩派了，管理人員說管理人員的好，員工說員工的好，各不相讓。

眼看活動要陷入僵局，主持人靈機一動，對大家說：「到底哪組能奪得第一，我看應該具體情況依具體分析。管理人員組的節目富有創意，激情四溢，應該得創作獎；員工組的節目富有朝氣，精神飽滿，應該得表演獎。」隨後宣佈兩組並列第一。

這位主持人心裡明白，文藝比賽的目的不在於決出勝負，而是在於豐富大家的娛樂生活，加強上級和員工的交流，如果為了名次而鬧翻，實在得不償失。於是，在雙方出現分歧的時候，主持人沒有參與評論孰優孰劣，而是強調雙方的特色並分別予以肯定。最後提出解決爭議的建議，問題自然解決了。

凡事都有訣竅，打圓場也有打圓場的學問。歸納起來，打圓場的學問主要有以下幾點：

▼一、說明真相，引導自省

當雙方為某件小事爭論不休，各說一套，互不相讓，糾纏不休時，「和事佬」無論對哪一方進行褒貶過分的表態，都猶如火上澆油，甚至會引火焚身，不利平息爭端。因此「和事佬」此時只能比較客觀的將事情的真相說明清楚，而不加任何評論，讓雙方消除誤會，從事實中反省自己的缺點或錯誤，引導他們各自多作自我反省，使矛盾得到解決，達到團結的目的。

▼二、岔開話題，轉移注意力

如果屬非原則性的爭論，雙方各執己見，而這場爭論又沒有必要再繼續下去。那麼作為「和事佬」又如何「打圓場」呢？如果力陳己見，理論一番，恐怕不會有效。這時，不妨岔開話題，轉移爭論雙方的注意力。

▼三、歸納精華，公平評價

假如爭論的問題有較大的異義而雙方又都有偏頗，眼看觀點越來越接近，但由於自尊心，雙方又都不肯服輸，那麼「和事佬」應考慮雙方的面子，將雙方見解的精華歸納出來，也將雙方的糟粕整理出來，做出公正評論，闡述較為全面以及雙方都能接受的意見。這樣，就把爭論引導到理論的探討、觀點的統一起來了。但不能「各打五十大板」。因為，所謂「各打五十大板」是不分青紅皂白、是非曲直的，那樣亂批一氣不利於解決問題，不可取。

縮小爭端本身的嚴重性

假如你想讓兩個過去抱有成見的人消除前嫌；假如你的親人突然遇到過去關係很壞的人而你又在場；假如你作為隨從人員參加的某個談判暫處僵局……作為第三方，你應首先攏絡雙方的感情，努力尋找雙方心理上的共同點或共同感興趣的問題。一幅名畫，一張照片，一盤棋，一個故事，一則笑話，一句諺語，一段相同或相似的經歷，乃至一杯酒、一根菸都可能引起對方的興趣，都可成為縮小爭端的嚴重性，融洽氣氛，打破僵局的契機。

一對新婚不久的夫妻因小事吵架了，女方一氣之下跑回娘家哭訴，說老公欺負她。哥哥聽完心想：妹妹才結婚不久就遭到欺負，那日後還有好日子過嗎？於是氣憤的揚言要去教訓妹夫。這時，父親充當起「和事佬」來對兒子說：

「別衝動，教訓他就能解決問題嗎？你妹自己家裡的小事，用不著你操心，這裡還有我跟你媽在呢，你管好自己的事就好了！」

待兒子息怒離開後，父親又勸慰女兒說：

「別哭了，又不是什麼大不了的事。都結婚了，還耍什麼小孩子脾氣。夫妻哪有不吵架的？我當初和你媽也常吵架呢。不過，夫妻吵架不要記仇，吵架也不要過夜。妳不要想太多了，日後凡事要大度些，不要像以前在家時那樣嬌氣任性。快回家吧，他是個好男人。以後你們要互相體諒對方啊。」

女兒點頭止哭後，回家去了。

夫妻吵架本是稀鬆平常的事，但當事人本身卻認為事情很嚴重。因此，父親在勸慰女兒的過程中，始終一直強調夫妻鬧彆扭只是「一丁點兒」小事情，促使女兒把爭端看得淡一點。女兒在冷靜思考之後，認同了父親的看法，氣也就自然消了。

有的爭論，發展下去就成了爭吵，甚至大動干戈，如果雙方火氣正旺，大有劍拔弩張、一觸即發之勢，「和事佬」即可當機立斷，藉口有什麼急事（如有人找，或有急電），把其中一人調走支開，讓他暫時脫離爭論，等他們消了火氣，頭腦冷靜下來，爭端也就趨於平息了。

抬高一方使其主動退出

在現實生活中，難免會遇見親朋好友或者別的人為了某些事而發生衝突與糾紛，需要你出面做和事佬的情況。但是，和事佬並不好做，這是個兩邊不討好的差事，如果沒有比較高超的語言技巧，往往會把自己陷進去，成為一方甚至雙方攻擊的對象。但是衝突總得有人調解，或許這個人就是自己，那該怎麼辦呢？

俗話說：「一個巴掌拍不響。」在雙方接受自己來進行調解之後，可以考慮主攻一方，讓其主動退出爭執，另一方沒了衝突對象，糾紛自然化解了。

讓當事人為顧全面子而退出爭執。對一方當事人進行誇獎，講述他曾經有過的可引以為自豪的事情，喚起他的榮譽感，使之為了保全榮譽感和面子，主動退出爭執。這種方式對於絕大多數受過良好教育的人都非常有效，因為榮譽和顏面往往是他們很看重的，是他們約束自己的動力。

小王與小劉是學校新來的兩位年輕教師，小王心細，考慮事情周到；小劉性情魯莽，但業務能力強。兩人因一件小事發生爭執，小王說不過小劉，並且被小劉訓了一頓，覺得非常委屈，就去向校長訴苦。

校長說：「小王啊，你脾氣好，辦事周到，大家都很欣賞。你是個細心的人，小劉是個急性子的人，脾氣上來了連自己說了什麼都不知道，你就不要跟他計較了。你一向都非常注重團體凝聚力、不感情用事的，怎麼能為了這麼點事情就覺得委屈呢？」一番話說得小王心裡又甜又酸，從此不再與同事爭執了。

事例中，校長就是巧妙的運用了這一方法。他先誇獎小王，然後強調兩人之間的差距，讓聽話者的一方受到讚揚，進而輕易化解了兩人之間的衝突。

不過這個調解辦法在使用時必須注意不可傷害到另一方的自尊，你對一方的「抬高」最好不要當著另一方的面說，否則會事倍功半，收效不佳。

另外，跟當事人說一件很重要的事讓他感覺到自己的地位及價值的存在，進而讓他退出爭執，也是一種不錯的方法技巧。衝突之所以持續，往往是一種非理性情緒支配的結果。所以，如果在調解衝突時，提出一件足以喚起一方理性思考的事情，轉移其注意力，往往也能達到讓一方退出爭執、化解衝突的目的。

勸架要真誠懇切

一般情況下，正在衝突或爭吵的雙方，由於情緒激動，怒氣方盛，往往對於出面調解的人持有警戒、防備乃至對立的情緒，對於他人的調解介入有抗拒之心。所以，要化解衝突與糾紛得先用言語化解他們的防備之心，使自己能介入衝突雙方之間。

首先，言辭要真誠懇切。對於衝突的雙方，先要用溫和的語言表達自己不希望看到他們衝突的意願，向他們展現自己欲幫助雙方化解糾紛的誠意。作為調解人，不能語氣太硬，不能指責哪一方，讓雙方衝突更厲害，或者將自己也變成衝突的一方。

其次，對雙方各有贊同。在當面調解糾紛時，為了讓雙方能接受自己這個調解人的介入，就需要讓他們覺得你不是來協助哪一方的，而是公正不阿的。這就需要在開始調解之前，對雙方的立場觀點先加以附和與贊同，避免讓其中的一方把自己放在對立面上。先對各方的某方面主張表示贊同，往往能讓他消除警戒心，把你當作自己人來看，如果雙方都把調解人看做是自己人，是值得信賴的公平正義的代言人，那麼雙方就會願意接受調解人的介入，聽調解人的話。勸架最重要的是要真誠懇切，要做到公平。

▼一、要瞭解情況：

盲目勸架，講不到重點上，非但無效，有時還會引起當事人的反感：「不瞭解情況，瞎說什麼？」而弄清情況再講話，效果就會比較好。假如對鄰居、同事間原因複雜的爭吵，更要從正面、側面盡可能詳盡的把情況摸清，力求把話講到當事人的心坎上。解繩結就要看清繩結的形狀，解除心裡的疙瘩，更要把疙瘩看透。

▼二、要分清主次：

矛盾有主次方面，吵架的雙方有主次之分。勸架不能平均使用力量，對措辭激烈、吵得過分的一方重點做工作，就比較容易平息糾紛。如果不分主次，平均使用力量，效果肯定不佳。

▼三、要客觀公正：

勸架要分清是非，客觀公正，做到分析中肯，批評合理，勸說適當。不能毫無原則的「和稀泥」，不分是非各打五十大板；應該實事求是，既要弄清是非，又要圓滿落幕。衝突雙方之所以爭論不休，往往是對於某個問題看法不同，而非要爭個對錯是非出來，結果各執己見、互相貶損，一發而不可收，甚至互傷對方尊嚴。作為調解人，面對爭論的雙方，不能輕易下結論說誰對誰錯，不能對哪一方做道德的評價，這樣只會加劇衝突。

調解人最好是把雙方的爭執點，把雙方的差異性歸結為客觀原因，讓雙方都不需承擔對錯責任。這等於給雙方臺階下，讓雙方的心理都能感到平衡，所以雙方往往能平靜下來，逐漸消弭衝突。有著洞察真相的眼力，其實做一個好的調解人，也並不是特別困難。只要秉著一顆公正無私的心，做到「真誠懇切」加一些語言的技巧就可以了。

適當的褒一方，貶一方

人們在吵架的時候，經常為了誰對誰錯，誰好誰壞而爭執不休，直接的褒貶至少會引起一方的不滿，甚至傷害其自尊心。因此，勸架者在對一方進行勸解時應該避重就輕，不對雙方道德上的孰優孰劣做出判斷，而是強調二者在個性、能力上的差異，適當的「褒一方，貶一方」使被褒的一方心裡得到滿足並放棄爭執，而又不傷害被貶的一方，使勸解成功。

作為調解糾紛的第三人應記住以下幾點，以免褒貶不當而引起當事人的反感，讓事情變得更糟。

▼一、忌激化矛盾

很多調節糾紛的第三者在使用「褒一方，貶一方」的方法時，常因使用不當而加劇矛盾，這主要是因為：第一是強化當事人本來就不該有的消極情緒，進而火上澆油，擴大了事態。第二是「惹火燒身」。因方法不當，激怒了當事人，使當事人把全部的不滿和怨恨情緒都轉移到了你身上，你成了他的對立面和「出氣筒」。

▼二、忌急於求成

人們常說，善弈棋者，每每舉一而反三。做別人的思想工作也好比下棋，也要珍視這「三步棋」的做法，要耐心細膩，再三斟酌。如果條件不具備就急於求成，不瞻前顧後，總想一勞永逸，其結果往往是事倍功半，「成」效甚微，甚至把矛盾激化。

▼三、忌官腔官調

要克服官腔官調，最主要的是應該增強普通人的意識，以普通人的姿態出現在人們面前，徹底改變那種高高在上、唯我獨尊、主觀武斷的官僚作風和指手畫腳、發號施令的作風。還必須注意堅持實事求是的態度，慎用套話，加強語言表達能力的培養。

▼四、忌空洞說教

要從三個方面下工夫。要避免空洞說教，尤其要從道理上使人信服；思想觀點要明確；語言要樸實新穎。

▼五、忌反常批評

必須努力克服以下幾種不正確的批評方式：批而不評式；阿諛奉承式；隔靴搔癢式；褒貶對半式。以上幾種不正確的批評方式，均屬於調解糾紛的「敗筆」。要想使調解達到轉變對方態度、修正對方錯誤的目的，就應該正確運用批評的武器，切忌簡單化和庸俗化。

▼六、忌不分場合

如果不分場合，信口開河，不管人前人後，指名道姓地施行對人說服，效果往往不佳；搞不好還會出現與當事人的良好動機截然相反的結果。

將嚴肅的問題詼諧化

如果糾紛雙方是為了一個嚴肅的問題而互相爭執，那麼這個問題的嚴重性帶來的壓力往往會加深他們之間的相互敵視，促使他們更加堅持己見、互不示弱，為了打破這種僵持不下的局面，調解方應該採取巧妙的方法將嚴肅的爭執點轉化為詼諧幽默的形式，使雙方的心理壓力得到緩解，氣氛變得輕鬆，為問題的解決製造轉機。

一九四三年十一月底，在德黑蘭會議上，就如何處置德國納粹分子一事，蘇聯元首史達林跟英國首相邱吉爾發生爭吵。史達林毫不掩飾他對納粹的仇恨，認為至少應處決五萬名納粹分子，一經俘獲，立即處決。企圖利用德國來制約蘇聯的邱吉爾一聽，跳起來大聲反對。史達林緊盯著邱吉爾，斬釘截鐵的說：「一定要槍斃五萬人！」邱吉爾毫不示弱，堅持己見。

在場的美國總統羅斯福在這個問題上傾向於史達林，但他不是直接的支持史達林，而是用折中的方法笑著打圓場：「我要來調解你們的爭執了，那麼減為四萬九千五百人行不行？」史達林一聽，自然高興，而邱吉爾則感到自尊心得到尊重，便不再堅持，於是會議順利的進行下去。

在這個例子裡，如何處置德國納粹分子一事關係到蘇聯、英國的切身利益，是至關重要的問題，因此，史達林和邱吉爾為了自己國家的利益互不讓步，爭執不下。史達林說的「五萬」並不是一個確切的數字，羅斯福把它降為「四萬九千五百」這個確定的數字，就好像用市場上的討價還價來解決這個嚴肅的問題。這種有意的不合時宜的說法產生了幽默風趣的效果，緩和了會議上劍拔弩張的緊張氣氛，使事態出現好轉，會談得以順利進行。

在雙方僵持不下時，採用巧妙的方法將嚴肅的爭執點轉化為幽默詼諧的形式，以此來緩和氣氛，製造轉機，更加有利於矛盾的緩和和解決。

調解糾紛時的語言藝術

隨著商品經濟的發展，人們法律意識的增強，民事、經濟糾紛的數量和種類日漸增多，而且由於法律教育的深入開展，過去勸一勸、壓一壓就可平息糾紛，現在卻不那麼簡單了，這就對調解語言提出了更高的要求。

人所共知，調解意在向當事人曉以法律，透過呈現事實、講道理、論是非，促使負有責任的一方明確自己的法律責任，享有權利的一方諒解對方的過錯，在打通思想、提高覺悟、統一認知的基礎上握手言和。而要達到這個目的，調解人員必須站在公正的立場上，代表嚴明的法律，不得帶有傾向性，這是調解語言成功的前提和保障。在具體的民事調解實踐中，要使調解語言順利的為調解對象所接受，還須注意以下幾點：

▼一、言辭懇切，合法合情

既然是調解，那麼調解的雙方均屬於沒有什麼嚴重衝突的矛盾，應以和平解決為最佳途徑，這就要求調解語言既符合法律規範，又要符合調解對象特定心理。有時調解語言雖然合理、合法，卻不合「情」。可見，調解語言不可生搬硬套，必須根據調解對象的不同的心理特點，選用不同的調解語言。

▼二、因人而語，忠言不逆

世人常說：「良藥苦口利於病，忠言逆耳利於行。」但隨著科學技術的迅速發展，良藥也裹上了糖衣，變得可口了。既然良藥未必苦口，那麼忠言也未必逆耳，這就取決於說話方式方法的優劣了。調解人員要抓住了調解對象自尊心強、愛面子的心理，從維護雙方名譽出發，曉之以理，動之以情，使忠言的表達深刻得體，忠言也變得順耳利行了。

▼三、先表「贊同」，後訴歧異

調解員在進行調解時，由於其特定的身分，往往使調解對象持有警戒、防備，乃至對立的情緒。要使自己的意見易於被調解對象接受，不妨適當採用「贊同」的方法，即強調談話雙方在某一方面的「一致性」的方法，如強調共同願望，肯定對方某一點意見很正確，等等。這種尋找「一致性」的方法，有助於打消調解對象的對立心理，平定激動情緒，進而理智的、心平氣和的接受自己的正確意見。這種找共鳴點，先贊同長處，後駁斥短處的調解語言，既使調解對象的委屈、憤怒心理得到了平衡，又使其順其自然的接受了自己的意見，收到事半功倍之效。

上司委婉規勸下屬的技巧

對於相互爭執的下屬來說，利益固然重要，面子也不容輕視，特別是在上司的面前，誰都渴望成為讓上司刮目相看的強者。但對於上司來說，下屬誰強誰弱並不是最重要的，最重要的是大家都能夠為共同的事業傾注心力。為了協調好下屬之間的關係，上司可以不直接批評哪一方面肯定哪一方，只採用富有情趣的幽默說法，委婉的表達自己的傾向或苦心。

一天，乾隆皇帝在新任宰相和坤與三朝元老劉通訓的陪同下，遊山賞景。乾隆隨口問了一句：「什麼高、什麼低，什麼東、什麼西？」

飽有學識的劉通訓隨口即應：「君子高、臣子低，文在東來武在西！」

和坤見劉通訓搶在自己的前面，十分不快，隨即相譏：「天最高、地最低，河（和）在東來流（劉）在西！」

因為當時的皇家禮儀中，上首為東、下首為西，此話暗示：你劉通訓再老、再有能耐，還在我和坤的下首。

劉通訓知道和坤的用心，心裡也極不滿。當三人來到橋上，乾隆要他們各人以水為題，拆一個字，說一句俗語，做成一首詩。劉通訓張口即來：「有水念溪，無水也念奚，單奚落鳥變為雞。得食的狐狸歡如虎，落坡的鳳凰不如雞。」和坤一聽，好呀！老傢伙罵我是雞！豈能饒過他：「有水念湘，無水還念相，雨露相上使為霜，各人自掃門前雪，休管他人瓦上霜！」告誡劉通訓，給我當心點兒！

乾隆聽出了新老不和的弦外之音，二相不和，有損大清事業！於是，他一手拉一人，面對湖水中映出的三個人影說道：「二位愛卿聽著，孤家也對上一道：『有水念清，無水也念青，愛卿共協力，心中便有清。不看僧面看佛面，不看孤情看水情。』」二人聽罷，心中為之一震，深為乾隆的如此循循善誘而不降罪的龍恩所感動。和坤和劉通訓立刻拜謝乾隆，當著皇上的面握手言和，結為忘年交。

在皇帝面前，劉通訓與和坤都渴望自己成為強者，成為皇帝最賞識的人，因此各自展露才華，互相貶低，搞得很不團結，此時乾隆如直接褒貶，一定會傷害一方的面子，致使雙方的矛盾加深。因此，乾隆故意吟詩一首，透過詩歌來隱晦的傳達自己希望二人和好的願望，避免了對雙方面子的傷害，收到了良好的效果。

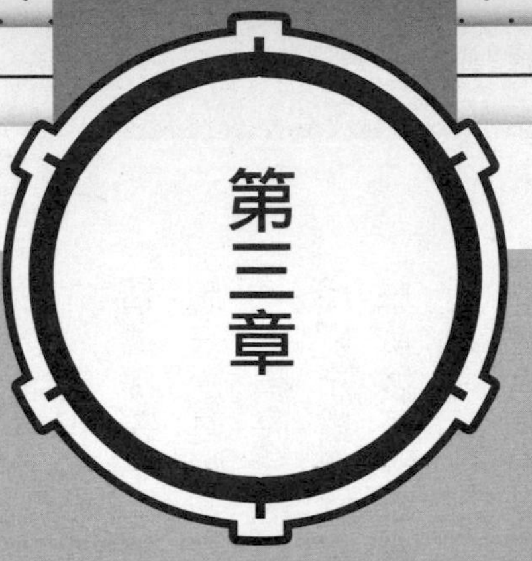

第三章

嚴厲的話語如何溫柔表達

批評他人需注意的七個原則

有很多時候，你對家人、對朋友，總覺得有些話不得不說，可是說了，反而把感情給傷害了，把事情給弄糟了。於是你就引用古語，替自己辯解，說什麼「良藥苦口，忠言逆耳」。

但是，為什麼良藥就非要苦得讓人難以下嚥呢？忠言為什麼就一定要讓人聽了難受呢？醫藥科學發展至今，許多「良藥」或包糖衣，或經蜜炙，早已不苦口。語言科學發展至今，講究批評的方式方法與語言藝術，也可做到「忠言不逆耳」，老少皆喜歡聽。

我們做了事情，說了話，寫了文章，自己不放心，不敢下判斷，這時候我們何嘗不希望有人出來告訴我們哪點好，哪點不好。有時，我們會遇到一個人，他能夠忠實的、大膽的指出我們的許多錯誤，正因這樣，我們就敬佩他、感激他，甚至永世不忘。

可是為什麼也有些批評和忠告我們不愛聽，我們聽了就難受、就氣憤，甚至感到自己的自尊心、自信心都受到了損傷？我們還會感到受了委屈、誣衊以及侮辱呢？

那麼怎樣的批評才能夠做到忠言不逆耳呢？以下是語言大師們多年以來總結的一些原則，希望能夠幫助你在批評別人時，既能提醒到別人的錯誤，但又不至於讓對方不高興，甚至因為理解你的批評進而與你的關係更加融洽。

第一，真誠。在善意的批評別人時，用這樣的話開頭，可能效果更加好，「我曾經也犯過這樣的錯誤」，「可能你也不明白什麼地方出了錯」等，真誠往往最能夠打動人。

第二，適度。批評最好點到為止，既往不咎。「事情不發生也發生了，我們最重要的還是從中吸取教訓吧！」

第三，理解對方。誰願意犯錯誤呢？特別是當事人內心已經很自責時，他們更加需要別人的心理支援。因此，多說說這樣的話，遠比批評更重要：「我想你現在可能很難受。」「抽空，我們找個時間，一起分析一下失誤的原因，好嗎？」「我相信你下一次一定會做好的。」

第四，切勿指責。指責只會讓人與人之間陷入惡劣的情緒之中，導致影響理智和判斷力。這樣的話最好以後都不要再說了：「我都跟你說過多少遍了？」「你為什麼總犯同樣的錯誤呢？」「我看你真的是無可救藥了！」

第五，委婉暗示。面對直接批評時，任何人內心的第一反應都會不舒服，因為批評就是懲罰。暗示如同苦藥丸外面的「糖衣」，利用含蓄的、委婉的方式，更能達到治病救人的最終目的。

第六，分清場合時機。批評的時機與場合十分重要，千萬不要進行批鬥式的批評。

第七，分清對象。跟什麼樣的人溝通，肯定要說不同的話。對長輩說的話跟晚輩不一樣，男性跟女性不可能都一樣，對朋友與對對手更是立場不一樣，對家人與對同事考慮的問題不一樣。千萬不要使角色混亂，說出不合適的話，否則，批評的效果不但達不到，還傷了和氣。

很多話本身並沒有問題，但用在不同場合、不同對象身上，就有可能鬧大笑話。例如，一個很自卑的人犯錯時，我們給予其適當的安慰會勝過千言萬語，因為他本身已經非常自責。對於一個很愛面子的人，我們一邊批評一邊給其臺階下，他會及時糾正自己的失誤。而對於一個心服口不服的人，我們沒有必要死抓不放，重要的還是看他的行動。很多溝通失誤，其癥結在於角色不清。

如果能做到以上幾點，那就可以讓別人很高興的接受我們的批評。苦味的藥丸，外面需裹著糖衣，才能使人感到甜味，容易一口吞下肚子裡去。於是，藥物進入胃腸，藥性發生了效用，疾病就治好了。我們要對人說批評的話，在說之前先給人家一番讚譽，讓人先嘗一點甜頭，然後你再說批評的話，人家也就容易接受。

先誇再批，讓對方心安

先誇再批，實際上就是一種欲抑先揚的方式，即在批評別人時，先找出對方的長處稱讚一番，然後再提出批評，最後再使用一些鼓勵性的詞語。這種方法使人認為你的批評是公正客觀的，自己既有過失，也有成績。這樣就減少了因批評所帶來的抵觸情緒，能收到良好的批評效果。

上司發現祕書寫的總結有不妥之處。他是這樣批評祕書的：「小張，這份總結總的來說寫得不錯，思路清楚，重點明顯，有幾處寫得很有見地，看來你下了一番功夫。只是有幾個地方提稍微不妥，有些言過其實，有的地方尚缺定量分析，麻煩你再修改一下。你的文筆不錯，過去幾次寫總結也是越修改越好，相信你這次也一定能改出一個好總結來。」

這樣說，祕書會感到上司對自己很公正、器重，充滿期望和信任，因此就會很賣力的把總結改好。

當某人聽到別人對他的某些長處表示讚賞之後，再聽到對他的批評，心裡往往會好受得多。比如，你剛在某人左臉上親吻了一下，當他還在回味那甜蜜的感覺時，你再往他右臉上給一巴掌，這時他疼痛的感覺肯定沒有只打不親時強烈。

柯立芝任美國總統期間，一天對女祕書說：「妳今天穿的衣服很漂亮，妳真是一位年輕迷人的小姐。」女祕書受寵若驚，因為這可能是沉默寡言的柯立芝對她的最大誇獎了。但柯立芝話鋒一轉，又說：「另外，我還想告訴妳，以後抄寫時標點符號要注意一下。」

像柯立芝這樣在批評之前先表揚對方，以表揚來營造批評的氛圍，它能讓對方在愉悅的讚揚中同樣愉悅的接受批評。因為人在聽到別人對自己的某些長處的表揚之後，再聽到他的批評，心裡往往會比較能接受。

但是，我們往往在使用這一招式的時候會錯誤地加上兩個字。有許多人在真誠的讚美之後，喜歡拐彎抹角的加上「但是」兩個字，然後開始一連串的批評。

舉例來說，有人想改變孩子漫不經心的學習態度，很可能會這樣說：「小虎，你這次成績進步了，我們很高興。但是，你如果能多加強一下代數那就更好了。」

在這個例子裡，原本受到鼓舞的小虎，在聽到「但是」兩個字後，很可能會懷疑原來的讚美之詞。對他來說，讚美通常是引向批評的前奏。如此不但讚美的真實性大打折扣，對小虎的學習態度也不會有什麼幫助。

如果我們改變一、兩個字，情況就會大為改觀。我們可以這麼說：「小虎，你這次成績進步了，我們很高興。而且，如果你在數學方面繼續努力下去的話，下次一定會跟其他科目一樣好。」這樣，小虎一定會欣然接受這番讚美了，因為後面沒有直接明顯的批評。由於我們也間接提醒了應該改進的注意事項，他便懂得該如何改進以達到我們的期望。

不得不提的是，有的人認為先講讚揚的話，再批評，帶有操縱人的意味，用意過於明顯，所以不喜歡用。這種說法也有一定道理，因為當你找到某人就表揚他，他根本聽不進你的表揚，他只是想知道，另一棒會在什麼時候打下來——表揚之後有什麼壞消息降臨。所以在更多的時候，許多人把表揚放在批評之後，當用表揚結束批評時，人們考慮的是自己的行為，而不是你的態度。

因人而異，擇言而施

斥責時使用的語言，必須要先看對方是屬於什麼類型之後，再下決定。個性較溫和的人遭到大聲怒吼時，只會一味的退縮和保護自己，無法專心聽人說教。而個性剛烈的人，則往往會因對方的斥責而亢奮，無法忍氣吞聲。結果，通常會採取強硬的反駁方式，或因而更奮發圖強。因此，斥責要謹慎又謹慎，先考慮對方是屬於何種類型後，再決定應該採取的方式，否則是不會很成功的。

▼一、**個性坦率直爽、性格開朗，心理承受能力強的人**

這種人知錯能改，喜歡直來直往，不喜歡拐彎抹角。對於這種人，你明確的指出其缺點和錯誤之所在、性質和危害，他會很快就接受。相反，過多的繞圈子，反而會使他納悶，產生誤解，甚至是反感，認為這是你不信任他的表現。

▼二、**頭腦聰明、反應敏捷，接受能力強，而自尊心也很強的人**

對這種人就採用提醒、暗示、含蓄的語言，將錯誤和缺點稍稍點破，他們便會順著你的思路，找到正確的答案和改正錯誤的辦法。這種方式有兩種表現：一種是面對被批評的人，顧此而言他。看似在討論別人，其實是在說他本人。這種方法的關鍵是必須找到相似的事物或相似的人，否則相去甚遠，難以奏效。另一種是面對眾人，漫無所指，點出一些只有當事人才能心領神會的事情，給其必要的心理壓力。讓他知道你是礙於情面，才沒有揭發他。這時，他會在內心深處自我警惕、自我改進的。

▼三、自尊心強，臉皮薄、愛面子的人

這種人應採用循序漸進式的批評，其特點是把要批評的問題分成若干層次、若干階段來解決。透過逐步輸出批評資訊，有層次的進行批評，使犯錯誤的人有個心理緩衝的餘地，有個認識提高的過程，進而一步步的走向你所期待的正確方向。多數事實證明，在你批評那些自尊心較強而又錯誤較多的人時，採取循序漸進的方法，有利於取得批評的積極效果。相反，如果你一次就把對方眾多的缺點一股腦兒的傾洩出來，容易傷害對方的自尊心，使其產生抗拒心理。

▼四、性格內向、脾氣暴躁，愛鑽牛角尖或心情不愉快的人

對這種人最好用參照式批評比較合適。這種方式的特點是：在批評時，不直接涉及他的要害問題，而是運用對比方式，來烘托出批評內容。你可以透過列舉和分析其他人的是非，來烘托出被批評者的錯誤；可以透過被批評者自身以往的經歷，來烘托

出他現在的錯誤；也可以透過列舉和分析哪些是錯誤的，來烘托出被批評者為什麼是錯誤的。

所以，對不同類型的人要採取不同的批評方式，一般說來，被批評者對於改正錯誤、改進工作是有濃厚興趣的。此時你的指導性批評無異於是一支清醒劑，會使其加倍努力的工作。

把批評隱藏在玩笑背後

一般情況下，對人進行批評性的說服、勸導，應當正面說理，嚴肅認真；但從人的心理角度考慮，那些固執己見的人，往往不容易接受正面直言批評勸導，如果與他爭辯，更易弄得面紅耳赤，不歡而散。

某公司的待遇很差，員工苦不堪言。公司老闆之所以不肯改善員工的待遇，是因為他是個固執己見、不願接受他人意見之人，並且他還認為基層員工是庸才，對公司不夠忠心，工作不夠努力，而且大多數人都兼職。當有人拿其他同性質的公司作對比時，該老闆說：「他們公司的職員都是專業人員出身，不像我的下屬是雜牌軍。」

有一天，該老闆的一位高級職員針對公司近來遲到人數逐漸增多這一現象，對老闆說：「基層員工都無法準時到公司上班！」老闆問：「道理何在？」這位高級職員說：「搭計程車，覺得車資太貴；坐捷運或公車，又很花時間，而且每月所支出的車資，也不勝負擔，叫他們如何能解決這個問題呢？」高級職員歎了口氣，一副毫無辦法的樣子。

老闆接著說：「以步當車，一文不費，而且可以藉此運動身體，不是很好的辦法嗎？」一高級職員搖了搖頭：「不行，鞋襪走破了，他們買不起新的。我倒有一個辦法，希望老闆發一個公告，提倡赤腳運動，號召大家赤腳走路上班，這個問題不就解決了嗎？誰叫他們命不好，生在這個時代！誰叫他們不去想發財的門路，要當個苦命的職員！他們搭不起捷運、公車、計程車，也不能鞋襪整齊的到公司上班，都是活該！」他一邊說一邊笑，說得公司老闆也不好意思，只好同意改善一下部屬的待遇。

在這裡，該公司高級職員批評勸說老闆的方法是「嬉笑怒罵」。他用責備下屬的語氣，盡情表露他們的苦衷，用反面的方式表達正面意思：公司待遇太低。在語氣上是嬉笑，實質上是批評。由於比較委婉，不傷對方面子，對方比較容易聽進去，一旦覺悟到自己的過失，也就比較容易接受批評勸告，改變行為。

但在此還應注意的是，批評勸導者和對方的人際關係要好，沒有隔閡和摩擦，而且你有相當的地位，有資格與對方講話，對方同時也瞭解你的為人，器重你、尊重你。只有在這種情況下，運用此法才易奏效。再看看有這麼一位老師，他的批評簡直就是一種藝術。

那是在一次數學考試之後，他發現班上的女生普遍考得比男生好，就在班會上給大家講了個故事：

「昨天我做了個夢，夢見我的老師在課堂上問我，來生想當男生還是當女生。我回了一句，當女生！我的老師就問我，為什麼？我說，男生與女生下棋時，要是女生贏了，她就會被大夥稱為才女，要是輸了，人們也不會責怪她；不過男生就慘了，要是他下贏了，肯定沒人說他是才子，但要是下輸了，人們又會說他是個大草包。」

聽到這個奇怪的夢，大家全都笑出了聲，而他也就從容的接著說：「不過今天我不說夢，而是要表揚我們班的女生，為什麼？因為她們考得很好，超過了男生！這說明，不僅下棋，考試也一樣，才女特別多！因此，我既要為我們班女生們的勝利而驕傲，也要為我們班男生們的謙虛而驕傲！」

哄的一聲，大家又一次開心的笑了！女生們笑，是因為老師在誇她們；男生們笑，則是因為老師的妙侃是對自己的一個極巧妙的批評。

可見，將你的批評隱藏在玩笑背後，用玩笑的方式來委婉批評他人，如果能夠運用恰當，就能起到意想不到的結果。如此巧妙的批評技巧我們應該好好學習利用一下。

需要注意的是，嬉笑怒罵的程度也要適可而止，不能太露骨，不能使對方感到太難看，因為對方若感到過分，往往會產生反感或氣憤，這樣，批評勸導就會歸於失敗。

直說的話，用幽默的方式表達

傳說漢武帝晚年時很希望自己能長生不老。一天，他對侍臣說：「相書上說，一個人鼻子下面的『人中』越長，命就越長；『人中』長一寸，能活百歲。不知是真是假？」

東方朔聽了這話，知道皇上又在做長生不老夢了，臉上露出一絲譏諷的笑意。漢武帝見東方朔似有譏諷之意，面有不悅之色，喝道：「你怎麼敢笑話我？」

東方朔恭恭敬敬的回答：「我怎麼敢笑話皇上呢？我在笑彭祖的臉太難看了。」

漢武帝問：「你為什麼笑彭祖呢？」

東方朔說：「據說彭祖活了八百歲，如果真像皇上剛才說的，那他的『人中』就有八寸長，那麼，他的臉不是有丈把長嗎？」漢武帝聽了，也哈哈大笑起來。

東方朔是聰明的，他用笑彭祖的辦法來幽默的譏諷漢武帝的荒唐，有些指桑罵槐的味道。但正是這樣，才使漢武帝愉快的接受了批評。提出批評意見時出於需要，可以把本來直說的話，用幽默的方式表達出來，進而產生耐人尋味的效果。

美國著名的幽默作家馬克．吐溫和一些社會名流參加道奇夫人的家宴。沒多久，就出現了大宴會上經常發生的情況：人人都在跟旁邊的人談話，而且同一時間講話，慢慢的，大家便把嗓音越提越高，拼命想讓對方聽見。

馬克．吐溫覺得這樣有傷大雅，太沒氣質了。但如果這個時間突然大叫一聲，要大家都安靜下來，其結果肯定會惹人生氣，甚至鬧得不歡而散。怎麼辦呢？

馬克．吐溫心生一計。他對鄰座的一位太太說：「我要讓這場喧嘩靜下來，方法只有一個。您把頭歪到我這邊來，假裝成對我講的話非常好奇的樣子，我就這樣低聲說話。這樣，旁邊的人因為聽不到我說的話，就會想聽我說的話。我只要嘰嘰咕咕一陣子，您就會看到，談話會一個個停下來，最後，除了我嘰嘰咕咕的聲音外，其他什麼聲音都沒有。」

接著，他就低聲說了：「十一年前，我到芝加哥去參加歡迎格蘭特的慶祝活動時，第一個晚上設了盛大的宴會，到場的退伍軍人有六百多人。坐在我旁邊的是懷恩先生，他的聽力不太好，有了重聽者通常有的習慣，不是好好的說話，而是大聲的吼叫。他有時候手拿刀叉沉思五、六分鐘，然後突然一聲吼叫，會讓你嚇一大跳。」

說到這裡，道奇夫人那邊桌子上起義般鬧哄哄的聲音小了下來。然後寂靜沿著長桌漸漸蔓延開來，馬克．吐溫用更輕的聲音一本正經的講下去：

「在懷恩先生不做聲時，坐在我對面的一個人對他鄰座講的事快講完了……說時遲那時快，他一把揪住她的長頭髮，她尖聲的叫喚，哀求著，他把她的領子按在他的膝蓋上，然後用刺刀猛然一劃……」

這時候，馬克．吐溫的玩笑已經達到了目的，餐廳裡一片寂靜。他見時機已到，便開口說明他玩這個遊戲，是要請他們講些禮貌，顧及大家，不要一大夥人同聲尖叫，讓一個人講話，其餘的人好生聽著。大家聽了，哄堂大笑，只是個個臉上的表情都有些尷尬。

批評無論對誰來說，都不是一件讓人愉快的事。但是，如果你能夠像馬克．吐溫這樣掌握適當的批評技巧和方法的話，相信你與別人的交流會更容易些。

給個意外的「贊許」

D先生掌握卓越的技術，早已聞名金融界，以下是他任職總經理時發生的事：有兩位部下到酒廊喝酒，直到打烊時間還賴著不走，酒廊老闆只得請員警來處理。結果雙方發生衝突，其中一位柔道兩段的部下，把員警打得頭破血流。第二天，其他同事到警察局來看他們，看到他們兩人很自責，後悔做事太衝動。同事向D先生報告實情後，D先生立刻開口說：「原來我們公司也會出英雄，值得稱讚！」

而那兩位部下聽到D先生的話，更加自我反省，以後的工作態度也完全改變了。表面上看來，這是十分荒謬的批評方法，但站在心理學的觀點上，實在是十分巧妙。

任何人做事失敗時，或多或少都會反省。這時上司如果沒有加以批評，部下的工作士氣不免會低落，也不會反省，心想：「我在公司已經沒有前途了……」反抗心將會更明顯。再看看D先生的部下，本以為會挨一頓臭罵，不料卻獲得意外的稱許，而這稱許彷彿一盞明燈，照亮了部下的心靈，讓他們勉勵自己不再犯錯。

如此看來，能確實掌握對方的反省方向，才能加強對方的反省念頭。在這個時候採取正話反說的方式對他「讚揚」一番，可以緩和緊張氣氛，促其反思。

秦朝有個很有名的幽默人物優旃。有一次，秦始皇要大肆擴建御園，多養珍禽異獸，以供自己圍獵享樂。這是一件勞民傷財的事，但大臣們誰也不敢冒死阻止秦始皇。這時優旃挺身而出，他對秦始皇說：「好，這個主意很好，多養珍禽異獸，敵人就不敢來了，即使敵人從東方來了，下令麋鹿用角把他們頂回去就足夠了。」秦始皇聽了不禁破顏而笑，並破例收回了成命。

優旃利用「讚揚」達到了批評的目的，同時也保全了自身性命。表面上是贊同皇上的主意，言外之意則說如果按此以往，國力必將空虛，敵人就會趁機進攻。所謂意外的「贊許」指的就是反語，反語是指所說的道理或所舉的事例全是和真理明顯相違背的。這種手法貴在故意送明顯的悖謬給對方，使對方在明顯的悖謬中省悟到自己也同樣錯了，因此而改變主意。

反語批評在特殊的場合或特殊的人物面前若運用得好，常常能收到意想不到的效果。這種手法無論對什麼樣性格的人都適用，就連殘虐無比的秦始皇，也被優旃的反語批評說服了。

無獨有偶，古代君王都好玩樂，而他們身邊總是有那些懂得以「贊」促「改」的賢臣才子對其加以勸諫。

景公愛喝酒，連喝七天七夜不停止。

大臣弦章上諫說：「君王已經連喝七天七夜了，請您以國事為重，趕快戒酒，否則就請先賜我死。」

晏子後來覲見齊景公，齊景公便向他訴苦說：「弦章勸我戒酒，要不然就賜死他；我如果聽他的話，以後恐怕就嘗不到喝酒的樂趣了；不聽的話，他又不想活了，這可怎麼辦才好？」

晏子聽了便說：「弦章遇到您這樣寬厚的國君，真是幸運啊！如果遇到夏桀、殷紂王，不是早就沒命了嗎？」

於是齊景公果真戒酒了。

吃喝玩樂似乎乃君王的天性，倘若直言勸諫，告訴他那是大錯特錯的，有多少的壞處，恐怕他是很難聽進去的，反而會大發雷霆。把話的角度調轉一百八十度，效果也會相應調整一百八十度。

對於一些有自知之明的人來說，根本用不著太嚴厲的批評，採用這種正話反說的批評方式是最好不過了。

批評他人，先批自己

在批評他人之前先談一談自己從前做過的類似錯事，一方面可以為對方提供活生生的例證，讓他從這例證中認識到犯錯的嚴重後果；另一方面也可以帶給對方一定程度的認同感，拉近彼此的心理距離，營造出心胸開闊、坦誠相見的良好批評氛圍，進而使對方更容易接受。

有個叫約瑟芬的食品店店員，在一次運貨時因疏忽而使食品店損失了兩箱果醬。為此，老闆對他說：「約瑟芬，妳犯了一個過錯。但上帝知道，我犯的許多過錯比妳還糟。妳不可能天生就萬事精通，那只有在實際的經驗中才能獲得。而且，妳在這方面比我強多了，我還曾做出那麼多愚蠢的事，所以，我不願批評任何人，但妳難道不認為，如果妳換另一種做法的話，事情會不會更好一點呢？」約瑟芬愉快的接受了老闆的批評，從此做事認真多了。

作為長輩或上級，把自己曾經的過錯暴露在晚輩或下屬面前，目的不在於做自我檢討，而在於以自己的感悟來教育對方。

一九六四年，日本小型電器業界因受經濟不景氣的影響而動盪不安，於是松下電器企業公司決定召開全國銷售會議。由於會議中反映出不景氣的狀況，所以空氣中充滿了火藥味。在一百七十家公司中，只有二十幾家經營良好，其他約有一百五十多家的經營都出現極嚴重的虧損赤字。

「有什麼意見都可以說出來。」松下先生一語未了，某銷售公司的經理立即如衝破水閘般的發洩他的不滿：「今天的赤字到這種地步，主要在於松下電器的指導方針太差，作為公司的負責人一點都不檢討自己是否有不足之處……」

「我方的指導當然有誤，可是再怎麼困難也還有二十幾家同仁獲利。各位不覺得你們太缺乏獨立自主的精神，太依賴他人，才招致今天的後果嗎？」松下先生反駁道。

「還談什麼精神，我們今天來的目的不是聽你說教，是錢！」也有人這麼露骨的反唇相問。

會議持續的進行，松下先生就站在臺上不斷的反駁他們的意見，而他們也立即反擊，大罵松下公司。就在會議即將結束，決裂的局面即將出現時，情況發生了轉折性的變化。第三天最後一次會見，松下先生走到臺上，「過去兩天多的時間大家相互指責，該說的都說了，我想沒有什麼好再說的了。不過，我有些感想，給大家說說。過去的一切，走到今天這個地步，所有責任我們要共同負責。松下電器有錯，身為最高負責人的我在此衷心向大家致歉。今後將會精心研究，讓大家能穩定經營，同時考慮大家的意見，不斷改進。最後，請原諒松下電器的不足之處。」說完，松下先生向大家鞠躬。

突然間，整個會場頓時靜了下來，每個人都低著頭，半數以上的人拿出手帕擦淚。「請董事長嚴加指導。我們缺點太多了，應該反省，也應該多加油去努力！」隨著松下先生的低頭，人人胸中思潮翻湧。隨後又相互勉勵，發誓要奮起振作。

由此可見，自我批評比針鋒相對的辯論、指責效果要好得多。否定和批評下級，固然因為下級有了過失，但與此同時，處於指揮和監督崗位的上級，也有不能推卸的間接責任。上司真心承擔責任有三個好處：一是做了表率；二是找到了自己的問題；三是便於確定下級的問題。假如上司彷彿自己像沒事兒一樣，盛氣淩人，只把下級批評一頓，卻不肯承擔上司應有的責任，好像自己一貫正確，這樣在他人看來是非常不懂得謙虛的。於是，下級便會有自己在上司心目中一無是處的委屈之感，雖表面未必反駁什麼，但心中已耿耿於懷，成了上級工作的對立面。

因此，在批評下級時，上司最好先自責，進而再點出下級的錯誤，使其有上司與他共同承擔錯誤之感，由此產生負疚之情。這樣，在以後的交談中上司說多說少、說深說淺，下級不僅基本能承受得了，而且融洽了彼此之間的感情，不至於弄得不歡而散。

批評要留餘地，勿傷他人自尊

做錯事就得挨批評，這是理所當然的事，但是批評別人的時候，必須給他人尊嚴上的安全感。每個人都有自尊，都愛面子，被批評是不光彩的，當然也就不願讓別人知道。作為上級，批評下級時一定要注意事後不可聲張，批評的目的畢竟不在於傷人，而在於幫其改正錯誤。

有的上級前腳離開下屬，後腳就把這事告訴了別人；或者事隔不久批評另一個人時，又隨便舉這個人做例子，無意間將批評之事散佈出去，弄得風言風語，增加了當事人的心理壓力和反感情緒。

人人都有自尊，都有保護自尊的心理傾向。上司批評下級，就要愛護下級，儘量將其心理振盪控制在最低程度，絕不能在無意中增加新的干擾因素，影響下級接受批評，改正錯誤。實際上，口舌不嚴，隨處張揚是上司人不負責任、沒有組織紀律的惡劣作風，亦在受批評之列。

會做工作的人，在對別人進行批評教育時，總是三言兩語見好就收，不忘給對方留一定的餘地，而有的人就不是這樣了，他們總是不肯善罷甘休，非把對方批得「體無完膚」不可，結果是過猶不及，往往把事情推到了反面。

工廠一位李姓工人私自把倉庫裡的鋼筋拿了一根回家，安裝在窗戶上，這事讓工廠上司知道了。上司抓住這一點，把李某狠狠的批評了一通。當然，李某也認識到自己的確錯了，很誠懇的向工廠上司認錯。這件事本該到此為止，但工廠上司並沒有因此而善罷甘休，非讓李某寫下書面保證並公開在廠裡認錯不可。書面保證可以寫，但公開認錯就有點勉為其難了。這類事本來就不光彩，如果讓廠裡同事都知道了，李某覺得很難堪，可是想來想去，仍找不到下臺的辦法，於是便離職而去了。

一般來說，批評應該適可而止，沒有必要把對方置於死地，讓他感到再無顏面見人，因為我們批評的目的是為了治病救人，是為了幫助別人。

從另一角度來看，人與人之間的個人感情是不能迴避的，隨著社會的發展，人際間的人情味也會越來越濃。社會越前進，社會分工越細，人際間的感情依存越強，人的情感就更加顯得可貴。這個問題有利也有弊，作為上司者應該正視這個問題，盡力做好工作。比如，一些影響不大，又不屬於原則性的錯誤，進行了批評，達到了批評的目的，最好就不要再聲張。

有時也可以直接告訴被批評者，說明到此為止，不再告之他人。這都可使對方得到人格的、尊嚴上的安全感，產生情感約束力。有些並非原則性又確是比較嚴重的錯誤，不能不在一定的範圍內公開，但傳出去又有損犯錯者的人格形象，也應把事情嚴格限制在盡可能小的範圍之內。

大多數人對待工作都是積極的，畢竟那種消極怠工的「油條」型人物是少數。大多數人都有很強的自尊心，不可以隨便傷害，俗話說：「人要臉，樹要皮」，批評教育一定要注意維護他人的尊嚴，給他人尊嚴上的安全感。

用暗示法批評效果佳

暗示批評就是不正面提出批評，而把批評的意思暗示在談話之中，讓被批評者自己去理解、接受。

某公司總經理的助理歐貝和他的女友莎拉決定要旅行結婚，到風光如畫的瑞士度蜜月。他正做行前準備的時候，公司的總經理問他：「你們已經決定要旅行結婚了？」

歐貝說：「決定了。」

總經理又問：「真心祝福你們，什麼時候走呀？」

歐貝高興的說：「就這幾天吧！」

總經理無可奈何的說：「唉，公司正要與客戶談判並簽訂一份重要的合約，你是唯一的談判人選，你走了誰能代替呀？」

在這次對話中雙方都有理由：歐貝與女友旅行結婚已經決定，無可非議；總經理有一個重要合同要簽訂，唯一的談判人選不能離開。公司總經理無法批評助手歐貝，但在強調歐貝的談判地位時就暗中含有批評之意，當然也含有期望。聰明的歐貝不會不瞭解，其結果不說也可想而知。

《後漢書》中記載了一位擅長講話的媳婦巧妙批評婆婆的故事：

丈夫樂羊子外出求學，七年不歸，家裡日子艱辛，已久未嘗過葷腥，樂羊子的母親犯了饞，見別人家的雞進到她家院子，就偷偷的宰了來吃。

對婆婆的這種不潔行為，樂羊子妻十分難過，她不但不動筷子與婆婆一起吃這偷來的雞，而且還直掉眼淚。

婆婆問她為什麼？她回答說：「自傷居貧，使食有它肉。」意思是說，怪我自家窮，沒有能力把婆婆侍奉好，因此讓飯桌上有了別人家裡的肉。

在封建社會裡，兒媳婦對婆婆是不能直截了當的批評的，樂羊子妻用了委婉批評的辦法誘發婆婆的廉恥之心，結果使婆婆慚愧得無地自容，端著煮好的雞到失主家認錯賠禮。

在批評中採用幽默來暗示，強調其中蘊涵的批評因素，從側面揭示對方行為的不當，使之在幽默暗示批評中反省自己的過錯。下面就是這樣一個例子。

梁啟超是近代史上一位巨人，他的聰慧早在幼年時期就表現出來了，並且得益於父親對他的正確教育。在他十歲那年，有一天，隨父親到朋友家裡作客。一進家門，他就被院裡一株蓓蕾初綻的杏樹迷住了，並偷偷的折下一枝，遮掩在寬大的袖袍裡。

誰知他的這一舉動恰恰被父親和朋友的家人看在眼裡。梁父平時教子甚嚴，此時又不便當面指責。

酒筵上，父親總為兒子這件事惴惴不安，一心想不動聲色的暗示兒子一番，於是當眾對梁啟超說：「開宴前，我先出一上聯，如能對好，方可舉杯，否則只能為長輩斟酒沏茶，不准落座。」父親略加思索，做出上聯：「袖裡籠花，小子暗藏春色。」梁啟超聽後一驚，恍然大悟，但也未顯失色，隨口對出下聯：「堂前懸鏡，大人明察秋毫。」

面對兒子的不雅之舉，梁父不是當面點破，而是採取幽默的方式含蓄的表示批評。一道難題，一箭三鵰：既暗示了批評，又不讓孩子在眾人面前出醜，還顯示了嚴格的家教。當然，針對不同的錯誤應有不同的暗示批評方式，該如何暗示，怎樣暗示才更能讓對方認識到自己的錯誤，那還得根據不同的事物和當時的情況而定。這就需要我們批評者充分運用自己的聰明和才智了。

避免走進批評的地雷區

批評總是對他人的言行和措施想法給予否定性評價，喚起注意，促其改正。在批評別人時應避免走入以下地雷區：

▼地雷區之一：翻舊帳

許多人總是對於以前曾犯過錯誤、受過處分甚至懲罰的人，抱有很深的成見。這樣，在對他們進行批評時，就會不自覺的把眼前的事和以前的事扯在一塊兒，翻舊帳。而這往往就觸動了別人最敏感的、最不願意讓他人觸及的神經，進而使人產生極大的反感。

一名工廠的工人，因為工作失誤，被記一個警告的處分，後來，他和一名同事吵了一架，於是工廠廠長找他談話，對他進行訓斥，但只說了幾句，就吵起來了。以下是他們的對話：

工廠廠長：「你對同事大打出手，可真夠威風的啊！」

工人：「我……」

工廠廠長（打斷工人的解釋）：「你怎麼樣？上次那個警告你忘了吧？我可是沒忘啊……」

工人：「那你就給我再記一個警告吧！就有一次了，難道還怕有第二次！」

工廠廠長：「你真是不可理喻！」

▼地雷區之二：在於說服和壓服的混淆

在我們的日常生活中，常碰到一些出乎意料的事情。諸如，當教師興致勃勃、正陶醉於自己精心準備的教學氛圍中，卻發現有那麼幾位學生竟敢蒙頭大睡；當你苦口婆心、說事實、講道理。力圖降服一顆桀敖不馴的心靈時，卻遭受到無情的反駁……此時，有的老師，常常就很難繼續保持良好的心境。接著就可能會出現老師的「電閃雷鳴」和學生的「低頭思過」，但好景不長，在下次上課時同樣的現象又會重覆出現，因此，壓而不服。正確的方法應該是在批評的同時「曉之以理」，用道理說服而不是用批評壓服。

▼地雷區之三：批評和表揚對立

當我們發現別人有錯誤時，想到更多的往往是責怪和批評，而很少注意他們好的動機，和夾雜在錯誤中的點滴優點。

某人過去經常打架鬧事，最後經感化教育有好轉。可是有一天他又打人了，人們把此事告訴了他的主管。主管在工作休息時間與他長談說：「你的老毛病又犯了，很不應該……」

對他的錯誤做一番分析後，主管又說：「不過你還是有進步的，上次打人你是拳打腳踢，別人勸也勸不住，打完之後，還強辯。這一次只打了一拳就自動住手，事後也知道後悔，承認錯誤。我希望你以後不要再發生打人的事了，要更沉著一點。」

主管一番話使他滿臉通紅，心裡不好意思，從此他就沒有再犯了。

由此可見，注意發現點滴優點，予以肯定，充分利用其強烈的自尊心，暗示對方相信自己的力量，相信改進的可能性。

▼地雷區之四：批評的嚴肅性與活潑性不相融洽

批評是嚴肅的事，絕不可敷衍了事，然而嚴肅並不排斥方法上的輕鬆和幽默。如果我們在批評別人時，有意創造一些輕鬆的環境，利用幽默的語言和事例給別人留下深刻的印象，往往會起到事半功倍的效果。

▼地雷區之五：批評的單邊活動替代了雙邊活動

在批評別人時「說教式」「家長式」的方法仍在盛行。比如，有些老師在導正思想上，可謂用心良苦，竭盡全力，但效果往往不盡如人意。

某中學一名女生，平時各方面表現一直很好，但月考成績突然下滑，家長、教師焦慮異常，明察暗訪，才知是「初戀」分散了學習精力，班導師多次把學生找來，循循善誘，闡明學習的重要性和談戀愛的危害，學生低頭不語，表面承認錯誤，但背後仍舊我行我素。

該校另一班級有著同樣一位女生，而班導師沒有立即指責，而是與她坦誠相交，取得信賴，讓該生很自然的道出了自己陷入感情漩渦的過程以及自己的苦惱，班導師啟發性的告訴她：「應該將美好的感情先冷凍起來，到了一定的時間才讓它融化。」後來班導師還成了兩個同學通信的中轉站，使學生之間純潔的友情成了他們學習的動力。

「金無足赤，人無完人」，我們每一個人都有可能犯錯，當你批評別人時，也要換位思考一下：我做了這樣的事，別人會怎麼批評我？或者我能接受什麼樣的批評？唯有如此，才能避免走入批評別人時的地雷區。

第四章

如何說能幫你巧妙脫身

如何說不會出現尷尬

要想儘量不置身於尷尬的境地，首先要做的就是注意那些容易出現尷尬的場合和時刻，最好能防患於未然。

說話要注意禮節，避免忌諱。禮貌是交談的首要前提。在交談中要體現出敬意、友善、得體的氣度和風範。要做到禮貌交談首先就要使用禮貌用語，如「請」、「謝謝」等；其次要注意學習一些禮貌忌語，一語不慎造成的後果可能是很難彌補的。

禮貌忌語是指不禮貌的語言，他人忌諱的語言，會使他人引起誤解、不快的語言。不禮貌的語言，如粗話髒話，是語言中的垃圾，必須堅決清除。他人忌諱的語言是指他人不願聽的語言，交談中要注意避免使用。如談到某人死了，可用「病故」、「走了」等委婉的語言來表達。特別是香港人有喜「八」厭「四」的習慣。因香港人大都講廣東話，而廣東話中「八」與「發」諧音，「四」與「死」同音。因此，在遇到非說「四」不可時，可用「兩雙」來代替。逢年過節，不宜說「新年快樂」或「節日快樂」，而用「新年愉快」、「節日愉快」或「恭喜發財」代之。這也是諧音的關係，因為「快樂」與「快落」聽起來很相似。

容易引起誤解和不快的語言也要注意迴避。在議論他人長相時，可把「肥胖」改說成「豐滿」或「福相」，「瘦」則用「苗條」或「清秀」代之。參加婚禮時，應祝新婚夫婦白頭偕老。在探望病人時，應說些寬慰的話，如「你的精神不錯」，「你的氣色比前幾天好多了」，等等。隨著語言本身的發展，一些詞彙的意義也發生了轉移，譬如「先生」、「小姐」等，在使用時要針對不同對象謹慎決定。還要注意在日常生活中，遇到衝突時應冷靜處理，不用指責的語言，多用諒解的語言。

在交談中，每說一句話之前，都要考慮一下你要說的話是否合適，不要口無遮攔，想說什麼就說什麼，給其他人造成不快。除非是親密的朋友，否則最好不要對個人的生活習慣妄加評論。如果某人的肩膀上有很多頭皮屑或者口臭難聞，或者拉鍊、鈕扣沒拉好扣好，請儘量忍耐不去想，並等和他親密一些的朋友告訴他。如果你直接告訴他，特別是在人比較多的場合，很容易讓對方處於尷尬的境地。

許多人不喜歡別人問自己的年齡，尤其對女性而言，年齡是她們的祕密，不願被人提及。對錢等涉及個人收入這類私人問題的詢問通常也是不合適的，可以置之不理。

切忌哪壺不開提哪壺。人們在交談中常有一些失言：「哎，你兒子的腳跛得越來越厲害了？」「你怎麼還沒結婚？」「你真的要離婚嗎？」等，一些別人內心祕而不宣的想法和隱私被你這些話無情的暴露了出來，實在是不夠理智的。

如果你想讓人喜歡，就不要對跛子談跳舞的好處和樂趣，不要對一個自立奮發的人談祖蔭的好處，不要無端嘲笑和諷刺別人，尤其是別人無能為力的缺陷，否則就是刻薄。

此外，除非是熟識的親友，否則請勿談論對方的健康問題，因為他若身有不適，很可能勾起他的愁緒，而一旦他抱怨起自己的疾病和痛苦，你又未必會感興趣，但你若沒表露足夠的同情心，則會使對方覺得你冷漠、自私。既然如此，那又何不談些令人愉快的事呢？

有些可以預見的難堪，應該設法去避免它的出現。如果某主管欲將一位能力不好的職員降調至A分公司，直接對他說：「我要將你調到某一公司去。」則他的內心必定會有被放逐的感覺，但如果說：「我本想派你到A分公司或B分公司，但我考慮的結果還是認為A分公司較為恰當，因為B分公司對你來說太遠了，可能不太方便，所以還是麻煩你到A分公司去。」這樣一來對方就不會有被流放的感覺，他的心裡只存在如何作選擇的問題。

用曲解巧妙迴避話題

對於一些敏感性問題，提問者一般不直接就問題的本質提出懷疑，而是從其他貌似平常的事物著手，旁敲側擊的進行誘導性詢問。這時，我們可以故意裝作不懂對方的真正用意，而站在非常表面的、膚淺的層次上曲解其問話，並將這種曲解強加給對方，使對方意識到你的有意誤解實際上是在表達委婉的抗議和迴避，進而識趣的放棄自己的追問。

在一次記者招待會上，外國記者別有用心的問王蒙：「請問，二十世紀五〇年代的你與八〇年代的你有何相同與不同？」

這記者的用意是路人皆知的。王蒙當時也十分清楚。他不慌不忙的抬起頭，從容不迫的回答道：「五〇年代的我叫王蒙，八〇年代的我也叫王蒙，這是相同之處；不同的是，那時我二十來歲，而現在我五十多歲了。」

記者的提問只給出了年代限定的範圍，王蒙雖然知道對方是想藉機讓他談一談對中國形勢改變的感受，但是他故意曲解其本意，只是從自己年齡變化的角度作答。這個回答雖然也算是「合格」，但實際上並沒有真正給對方任何有用的訊息，令其大失所望。

有一個調皮的孩子，大年初一那天，一大早便出門找夥伴去玩了。玩到中午時分，才發現自己頭上的新帽子不知道什麼時候丟了。於是膽顫心驚的跑回家去了。母親發現孩子的帽子丟了，當然很生氣，要是在平時少不了要大聲呵斥一番，但當天是大年初一，不能罵孩子，於是母親強忍著怒氣沒有爆發。可是母親仍然覺得這不是好兆頭，剛過年就丟東西，那這一年要丟多少東西，所以心裡非常鬱悶和生氣。

這時隔壁的李叔叔來她家串門子，感覺到了母親的臉色似乎不太好看，還有孩子的恐懼，一打聽才知道事情的原委。於是笑著說：「孩子的帽子丟了，照我看這可是件好事情，這不恰恰意味著孩子要出頭了嗎？今年你的孩子一定會學業進步，諸事順利。」孩子的母親聽了以後，連連贊同：「是啊，真是有道理啊，孩子從此就要出人頭地了。」於是大家都眉開眼笑起來，家裡也恢復了喜慶的氣氛。

帽子丟了，這本來是一件很掃興的事情，又是在新一年的開始丟東西，一般人都會覺得不吉利。而隔壁的叔叔有自己的解釋，他迴避了孩子貪玩，結果把帽子弄丟了的事實，而強調了帽子是戴在頭上，蓋著頭髮的，現在帽子沒了就說明可以「出頭天了」，這樣一來，大家都將注意力放在了出頭天的事情上，而忽略了丟東西的事情，一件壞事成了好事。

這種曲解本意的方法，有時候也可以說是「裝糊塗」。雖然明知道對方問的是什麼，可就是假裝不知道，避開實質，只說些現象的問題。對方通常都會識趣的不再追問。對於很多敏感話題，比如問女生的年齡，或者收入，如果他人不樂意回答，又不想直接拒絕說「我不告訴你，這是我的私事」等比較生硬的話，就可以曲解一下本意。比如娛樂圈裡的很多女明星都不太喜歡別人問她的年齡問題，但總是有記者想盡辦法的要問出對方的年齡。這時候女星不妨說：「年齡不是問題，問題是我還能給觀眾帶來什麼新的東西。」這樣的回答，即不會暴露出自己的真實年齡，又會讓觀眾覺得這個明星真敬業，進而贏得了觀眾的喜歡。

雖然我們不是外交官也不是公眾人物，但是學會迴避一些不好回答的問題，也可以起到自我保護的作用。

如何巧妙的回擊冷語

生活中的冷言冷語易傷自尊心不說，還經常讓我們下不了臺。冷言冷語多得難以分門別類，但有一點是可以肯定的，這些話都會使你心煩意亂，情緒低落。本能地進行反擊，其後果往往是諷刺挖苦、侮辱打擊的惡性循環。正確的辦法是以適當而有力的語言回擊冷語，避免自己受到傷害。

如果你下次遇到冷語，不妨照下面說的去試試：

▼一、探究緣由

心中窩火容易使人出語傷人。如果你的確不明白是什麼地方得罪了別人，最好的辦法就是直接問他這是為什麼。記住，並不是每個人都存心要找你的麻煩，因此，要儘快找出根源。

女店員之所以對你發火，也許是因為昨晚她在男朋友那裡受了委屈；司機超車插到你前面，也許並不是為了和你比高低，而是急著送重病的孩子上醫院……當你這樣去假定他人是無辜的時候，你就會為你的寬厚和善意而感到快慰。

▼二、正視挑釁者

頂住侮辱並非易事。辦法之一是針鋒相對，用嚴肅的對答來對付消極的評價，譬如你可以說：「你有什麼理由來傷害我的感情？」或說：「要知道，你的話也許會對別人造成傷害。」

你可以要求挑釁者澄清他的原意：「你這話是什麼意思？」或說：「我希望能弄清你的意圖。」一旦挑釁者意識到你識破他的意圖時，他們就會停止挑戰。沒有比陰謀被識破更丟臉的了。

▼三、運用幽默

有人曾很不客氣的評價瑪麗的新裙子：「這是一條新裙子嗎？這布料更像是用來包椅子的。」

瑪麗回答說：「那好，坐到我的膝蓋上來。」

路茜的母親苛刻得簡直像有潔癖，這使露茜有些受不了。一天，母親發現女兒房間裡有蜘蛛網。「那是什麼？」她故作吃驚的問。「一項科學工程。」路茜幽默的回答說。

利用幽默可以避免冷語的傷害，還可以拒絕自己不想聽到的話。

▼四、順水推舟

接住話頭是個好主意。例如，如果你妻子說：「你重了二十磅啊，親愛的。」你就回答說：「準確的說，是重了將近二十五磅。」冷言冷語所以有力，是因為你承認了它的力量。當你順水推舟時，你就能使它失去阻力。

▼五、不屑一顧

他人的評論並不「屬於」你，因此你完全可以不理睬它。如果你還沒有完全準備好，那就讓說話的人知道你聽見他的話了，但不想作反應。下一次他再傷害你，你就佯裝正在擦去袖子上的污點。當他問你在幹什麼時，你就說：「噢，我以為有什麼東西在咬我，我肯定是搞錯了。」他就會知趣而退。

你也可以裝作沒興趣。眨眨眼睛，打個呵欠，環顧左右，這些肢體語言皆在告訴他：「你怎麼這樣討人厭？」任何人都不願自己遭人厭的。

▼六、拒絕接受

一個男人出語傷害布達赫後，布達赫說：「孩子，如果有人拒絕接受一份禮物，那這份禮物會屬於誰呢？」

那人回答說：「當然是屬於送禮物的人。」

「那就好了，」布達赫說，「那我拒絕接受你的指責。」

有人覺得口頭上貶低、指責別人會更顯自己的高大，所以他們口袋裡裝滿輕蔑，他們隨時都可能取出來拋給別人。拒絕接受他們的侮辱傷害，巧妙的還給他們，這樣你就會減少不悅，增加快樂。

靈活的語言能讓你避免麻煩，遠離傷害，還可以不破壞原有的關係。學會運用它，會使你的生活變得更美好。

童言無忌，如何遮醜

雖然說童言無忌，但家裡的醜事如果全都暴露在了同事的面前，該如何才能「找塊遮羞布，遮一下這個家醜」呢？

其實也不難，有句話叫「假作真時真亦假」，倘若據你察言觀色，發現他人的臉色不對，似乎已有幾分相信了孩子的話，你覺得不好解釋，或一時沒有找到合適的理由來解釋，何不半真半假的承認此事。小孩子驚世駭語遠不會這麼簡單結束。如果光用虛晃一招來打馬虎眼，還是不夠，不信請看下面這則故事。

一個週六的上午，鈺芬帶著她的寶貝兒子皓宇在兒童樂園裡遊玩，恰好碰到了公司的同事也帶女兒玲玲來這邊玩。這兩個小孩本來就認識，所以一見面就熱絡的不得了，一下子就玩在一起了。於是，兩個大人就自然而然的站在一邊聊了起來。

「媽媽，媽媽，玲玲說她爺爺、奶奶下個月要來她家過年了，我的爺爺、奶奶為什麼不來呢？」兩個人正聊得投機，沒料到皓宇一蹦一蹦的跑來，氣喘吁吁的問道。

「爺爺、奶奶去年來過了，今年想休息一下。」鈺芬輕聲細語的向皓宇解釋道。

「不對，我知道爺爺、奶奶為什麼不來！」

「皓宇真聰明，那你說說看，爺爺、奶奶為什麼不來呢？」

「因為我們家沒有錢了！」

「哎呀，皓宇真是不得了，連這事都知道！那你是不是要節儉一點呀？」

「我才不要呢！媽媽把錢都給外公、外婆了，所以我們家沒有錢了，爺爺、奶奶也來不了，媽媽妳說是不是？」

聽了皓宇這麼一說，那同事露出了若有所思、似笑非笑的表情。見此情景，鈺芬知道她的同事已有幾分相信了孩子的話。於是，她靈機一動，輕描淡寫的順水推起舟來。

「原來是這樣呀！我就說皓宇聰明過人吧，媽媽做了哪些事都瞞不過你的眼睛！」

「那當然，我是孫悟空，有火眼金睛，誰也別想瞞過齊天大聖，哈哈！」

「那，齊天大聖，我前兩天轉帳給爺爺、奶奶，還幫爸爸買衣服，給你買玩具，你的火眼金睛怎麼就沒看出來呢？」

「誰說我沒看出來，我……我是想考考媽媽，看媽媽妳還記不記得！」

聽到這裡，同事不禁被逗得大笑……

一般人在大多數情況下都會有逆反心理，你越是解釋，他越是不信；如你乾脆承認確有其事，他反而會產生懷疑。所以你不妨利用此等心理，使他半信半疑，自己也輕輕鬆鬆的有臺階下。只要你處之泰然，表現得大大方方的，他人就不會對此事確信無疑，甚至懷疑也會隨之煙消雲散。

切忌隨即指責、呵斥，甚至是打罵孩子，如此只會顯得「此地無銀三百兩」。還有切忌極力解釋，這樣只會顯得是欲蓋彌彰，會讓家醜外揚。

用戲謔沖淡尷尬場面

尷尬是生活中遇到處境窘困、不易處理的場面而使人張口結舌、面紅耳赤的一種心理緊張狀態。在這種時候，如果能調整心態、急中生智，以戲謔來沖淡它，應該可以收到良好的效果，進而化解你和他人的緊張氣氛。如果能使人發笑，那漸漸的人們也就會將剛才的尷尬場面忘掉，氣氛會慢慢恢復正常。相信你一定遇到過那樣的場面，你或你周圍的人突然一不留神，在眾目睽睽之下滑倒。幽默可以巧妙的把這種陷自己於不利的因素，用荒誕的邏輯歪曲成有利因素，機智的將自己從困境中解脫出來。

一九四四年秋，艾森豪親臨前線給第二十九步兵師的數百名官兵訓話。當時，他站在一個泥濘的小山坡上講話，講完後轉身走向吉普車時突然滑倒。原來肅靜嚴整的隊伍轟然混亂，士兵們不禁捧腹大笑。面對突發狀況，部隊指揮官們十分尷尬，以為艾森豪要發脾氣了。豈料，他卻毫不介意的爬起來，幽默的說：「從士兵們的笑聲看來，可以肯定的說，我與士兵的多次接觸，這次是最成功的了。」

遭遇突如其來的狀況時，艾森豪能夠穩重沉著面對，又利用消遣自我的方法來化解尷尬。這就是一個懂得將智慧運用於生活中的人，也是機智的表現。在兩性之間，吵架在所難免，有一方發火，另一方也跟著吵，無異於是火上澆油，使情況越來越糟，關係越鬧越僵，倒不如以諧平怒，大家更容易冷靜下來，在笑聲中很快就消氣了。

約翰先生下班回家，發現妻子正在收拾行李。「妳在幹什麼？」他問。

「我再也待不下去了，」她喊道，「一年到頭，老是爭吵不休，我要離開這個家！」

約翰困惑的站在那兒，望著他的妻子提著皮箱走出門去。忽然，他衝出房間，從架上抓起一只皮箱，也衝向門外，對著正在遠去的妻子喊道：「等一等，親愛的，我也待不下去了，我跟妳一起走！」怒氣衝天的妻子聽到丈夫這句既可笑又充滿對自己的愛意和歉意的話，像氣球被刺了一個洞，很快就消氣了。

當約翰的妻子抓起皮箱衝出門外之時，我們不難想像，約翰是多麼的難堪、焦急！但他既沒有苦勸妻子留下，也沒有作任何解釋、開導，更沒有抱怨和責怪，而是說：「等一等，親愛的，我也待不下去了，我跟妳一起走！」這哪像夫妻吵架，倒像一對恩愛夫妻攜手出遊。約翰這番話，以諧息怒，不但讓妻子感到好笑，而且還體會和理解到丈夫對妻子的愛意和歉意，以及兩人不可分離的關係。聽到這番話，妻子怎能不回心轉意呢？只要語言把握得當，戲謔調笑的化解法大多數人都拒絕不了它的「攻效」，因為它能使人開懷大笑、舒展情緒，在笑聲中淡化尷尬與窘迫。

遇到咄咄逼人的話怎麼辦

在交往中，我們不可避免的會遇到咄咄逼人的談話場景，談話者一般是有備而來，或是對自己的條件估計得比較充分，有信心戰勝你。話鋒一般是指向一個地方，對你的要害部位實行「重點攻擊」，會令你一開始就處於被動的位置。對付這種狀況的方法有多種，根據具體情況的不同你可以加以選擇。

▼一、以退為攻

假如對方的問話是你所必須回答的、不能推辭的，而又要對方跟著你的思路走，你可以裝作退卻。如果對方乘機逼過來，你就把他帶離話題，讓他完全進入了圈套，然後再回過頭來對他反擊。

▼二、後發制人

這是使自己能站穩腳跟的最有效辦法。一般在兩種情況下，最為有效：

A、當對方到了已經不能自圓其說的時候。咄咄逼人者，其開始鋒芒畢露，也許你根本找不到他的破綻。但是，他總有不攻自破的地方，總是有軟弱的地方，只是你還沒發現而已。等待時機，一旦其光芒收斂，想做喘息、補充的時候，這時候你就可以反攻了。

B、當對方已是山窮水盡的時候。這時候對方已經進攻完畢，而你發現，他連你的傷口的部位都還沒找到，他的鋒芒所指，只不過是你的微不足道的一個小錯誤，或者他打擊的，從本質上動搖不了你，這就是所謂的「山窮水盡」。

▼三、針鋒相對

針鋒相對即是以對方同樣的火力，向對方進攻，對方提什麼問題，你就給予十分肯定或否定的回答，絲毫不讓，不拖遝也不拖泥帶水，使對方無理可尋、無懈可擊。

▼四、把球踢給對方

這是談話中的一個很普遍、很實用的技巧。當對方的問題很難回答，問的角度很刁鑽，你回答肯定、否定都可能出差錯時，那就不要回答，把問題再還給對方，將對方一軍。比如，有一個國王故意問阿凡提：「人人都說你聰明，不知是真是假？如果你能數清天上有多少顆星星，我就認為你聰明。」

阿凡提說：「如果你能說出我騎的毛驢有多少根毛，那我就告訴你天上有多少顆星星。」

▼六、抓住漏洞，絲毫不讓

當對方話鋒之強烈，火藥味之濃，使你無法反擊，他提出的重大問題，你無法一一回答，這種情況下該怎麼辦？迅速找到他談話內容中的漏洞，即使再微不足道也無所謂，可以把這一點無限擴大，使其不能再充分展開其他方面的進攻。你就在這一點上，來回與他周旋，並迅速的想出應付其他問題的辦法。

▼七、胡攪蠻纏

胡攪蠻纏是當你理虧時，被對方逼到了死角，但又實在不想丟面子，就可以亂纏一番，把沒有理的說成有理的，把本來不相干的事物聯繫在一起，說成是很有關聯的事物，把不可能解決的、不好解決的問題與你的問題扯在一起，以應付對方的連串進攻。

胡攪蠻纏是一種不得已的辦法。在某種程度上是不正當的，但卻也不失為一種自我保護的方法，特別是當對方欺人太甚、絲毫不留情面的時候。另外，用胡攪蠻纏的方法，可以先拖住對方，使你有時間思考更好的應付辦法。

如何應對冷場的局面

在日常生活和社會交往中，如聚會、議事等常會出現冷場現象，彼此都尷尬。冷場，在人際關係中，它無疑是一種「冰塊」。打破冷場的技巧，就是及時融化妨礙交往的「冰塊」。其實，只要談話者掌握住了破「冰」之術，及時根據情境設置話題，冷場是很容易被打破的：

▼一、要學會拓展話題的領域

開始第一句話要注意的是使人人都能瞭解，人人都能發表看法，由此再探出對方的興趣和愛好，拓展談話的領域。如果指著一件雕刻品說：「真像某某的作品！」或是聽見鳥唱就說：「很有孟德爾頌音樂的風味。」除非知道對方是內行，否則不僅不能討好，而且會在背後挨罵的。

如果不知道對方的職業，就不可胡亂問他。因為社會上免不了有人會失業，問他的職業無異於逼迫他自認失業，這對自尊心很重的人來說是不太好的。如果你想開拓談話的領域而希望知道他的職業，只能用試探他的方法：「你常常去游泳嗎？」如果他說「不」，你就可以問他是否很忙，「每天上哪兒消遣最多呢？」接下去探出他是否有固定工作。如果他回答「是」，你便可加上一句問他平時什麼時候去游泳，進而判斷他有無職業。如果他說是星期天或每天下午五時以後去，那無疑是有固定工作。

確定了別人有工作，才可問他的職業，這樣就可以談他的工作範圍內的事情。如果不知對方有沒有職業，或確知對方為失業者，那麼還是談別的話題為佳。

▼二、風趣接話轉話題

在談話中善於抓住對方的話題，機智巧接答，可以使我們談話變得風趣，進而使談話活躍。有一個典型的例子：當我們誇獎對方取得的成績時，總能聽到「一般情況」的說法。倘若我們不接著話再說下去，就有點贊同對方的「一般情況」說法的意思，達不到接話說的目的。可以這樣回答：「『一班』情況尚且如此，那『二班』情況就可想而知了。」言外之意是說：「你一班的情況才如此的話，我二班的情況就更不值得一提了。」這類回答一般是採用諧音、雙關的手法，接住對方的話題，再作風趣的轉答。

巧妙的接答對方的話題，可以把原來的話題引向另一個話題，使談話轉變一個角度繼續進行下去。

劉某是公司負責某一地區的銷售業務員。公司為了加強和客戶之間的聯繫，特別舉辦了一年一度的「工商聯誼會」。公司安排劉某在會議期間陪同他的客戶顧某。他們路過一家商場，談起了商場銷售情況。

末了，顧某深有感觸的說：「現在，市場競爭夠激烈的。」劉某接過他的話題說：「我也這麼覺得。目前在你們單位工作的業務員也不少吧？」就這樣劉某既把話題延伸下去，同時又使話題朝向有利於自己的方向發展。

▼三、適時的提一些引導性的話題

提出引導性話題，可以給他人留下談話時間和空間，特別是對於那些不善於當眾講話的人。這些話題可以根據對方的性格特點、興趣愛好、職業性質等方面來設置。比如：「近來工作順利吧」、「聽說你最近有件高興的事，是什麼呢」、「前一陣子我見到你的孩子，學習怎麼樣」。先用這些聽起來使對方溫暖的話寒暄一下，以便於開展談話。對於那些在公司上班的人，可以探問對其公司的日常規則的看法，像：「你們公司，每週都要舉行升旗儀式，之後還要做早操，開會，你有什麼看法？」

引導性話題應該注重可談性和可公開性。對學文的不宜談深奧的理科的問題，反之亦然。不宜在公開場合觸及個人隱私，或者是背後議論他人等。

如何化解別人的當眾指責

這是一個合作生存的社會，無論是工作還是生活，也無論是何時還是何地，人都難免犯錯，觸及他人的利益，進而引起不滿，導致他人對你的指責。當然，也存在這樣一種情況，錯並不在你，而是一些無聊之徒，他們或許是抱著嫉妒，或許是抱著偏見來當眾對你進行攻擊，目的就是要讓你顏面掃地。

受人指責總歸是件不快之事，而受人當眾指責，那更是令你不快，甚至會讓你窘迫難堪，尷尬至極。當有人當眾對你大加指責，甚至是來一頓劈頭蓋臉的斥罵，你得要招架住，採取靈活的應對措施，讓這個令你無地自容的尷尬氛圍及時得以化解。

一次，一位不速之客突然闖入洛克菲勒的辦公室，直奔他的辦公桌，並以拳頭猛擊桌面，大發雷霆的說：「洛克菲勒，我恨你！我有絕對的理由恨你！」接著那個人恣意謾罵他達十分鐘之久。辦公室所有職員都感到無比氣憤，以為洛克菲勒一定會拿起墨水瓶向他擲去，或是吩咐保全人員將他趕出去。然而，出乎意料的是，洛克菲勒並沒有這樣做。他停下手中的工作，用和善的眼神注視著這位攻擊者，那人越暴躁，他便顯得越和善！

那無理之徒被弄得莫名其妙，那股怒氣也就漸漸的平息下來。因為一個人在發怒時，得不到反擊，他是持續不了多久的。於是，他吞下了一口氣。他是做好了來此與洛克菲勒爭論的，並想好了洛克菲勒將要怎樣回擊他，他再用想好的話語去反駁。但是，洛克菲勒就是不開口，所以他不知如何是好了。

末了，他又在洛克菲勒的桌子上敲了幾下，仍然得不到回應，只好索然無味的離去。而洛克菲勒呢？就像根本沒發生過任何事一樣，重新拿起筆，繼續著他的工作。

當有人怒氣衝衝的當眾對你大加指責時，你可以像洛克菲勒一樣採取不合作的態度。見到你的如此反應，他也就會自感索然無味，悻悻而退。

要想每戰必勝，我們可以從掌握以下幾點方法來入手。

一、虛心請教。特別是上司或長輩對你進行當眾指責時，無論他的指責正確與否，也無論你是否服氣，不妨採用虛心請教的方式，在對方的眼中，你的請教就意味著真誠的道歉。

二、移花接木。別人的當眾指責，也可幽默化解，來個張冠李戴，識意翻新，將原本只適合於甲種場合的話，移植到乙種場合來說。

三、積極辯護。被上司批評或指責，雖然應該誠懇而虛心的聽取，但並非不管他說得對不對都要全盤接受，必要時應該勇於做出積極的辯護。但是辯解時切忌加上「你居然這麼說……」這樣，在指責人看來，你只是頑固不化，找理由為自己辯護罷。

四、不予理睬。當有人當眾對你大加指責時，你可不理睬對方對自己的無禮攻擊。你如此的反應，只會讓對方索然無味，悻悻而歸。

五、面對指責進行道歉時，只要說：「對不起。」切忌說：「雖然那樣……但是……」這種道歉話，這樣只會讓人聽起來覺得你好像是在強詞奪理，無理攪三分。

能說、好聽、不帶刺的
高段說話術

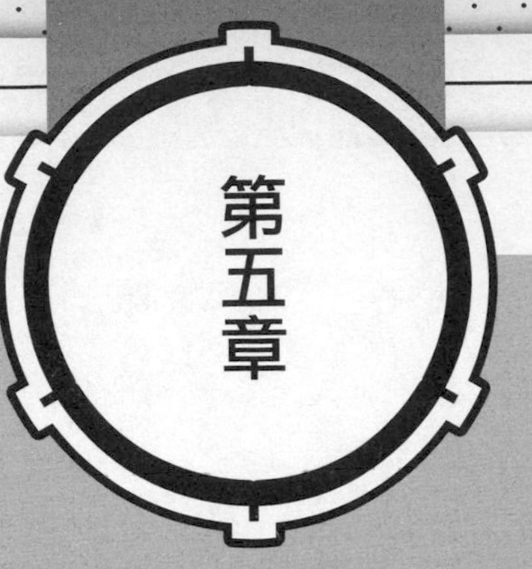

善當聽眾，少說多聽多鼓勵

如何有效傾聽

在人與人之間的交流中，「聽」是如此自然，以至於人們常常不把它作為一個話題來研究。有效傾聽似乎理所當然，雖然日常生活中有很多事例可以證明並不容易做到這一點，但人們並沒有意識到需要學習有效傾聽的方法，以致人們對傾聽的作用有所漠視。

人際溝通學認為傾聽和聽見並不是一回事。因為聽到只是你的聽覺系統接收到了聲音。很多人都能聽見聲音，但他們根本不能「傾聽」，也就是聽到並理解。比如，當你看書的時候，周圍會有各種聲音，你的聽覺系統會接收到聲音，但你未必會注意到這些。有時人們聽到聲音，並且「看起來」是在傾聽，而實際上他們只是對內在的聲音感興趣，這種現象就是「假聽」。

當然，傾聽的第一步就是聽見——聽覺器官接收聲音，然後人們注意這些聲音並將聲音組織為有意義的形式，也就是開始理解。我們並不經常理解注意到的聲音，比如人們聽到自己不瞭解的語言，就不能理解語言的含義。不過人們普遍認為只要聽到了聲音也就理解了聲音，這就是我們要談到的第二個誤解。

有的人認為注意聲音自然就會理解聲音。不過，想想你在聽到電影中的外語對話時，你就會明白，聽到並不意味著理解。你可以關注所有的聲音，但並不一定理解。「理解」就是將聲音重組為有意義的模式或形式。

交談中須徹底明白了對方想表達的資訊，才能順利進行。應在坦誠交談並表示瞭解後，才陳述自己的意見。倘若不遵守這個原則，可能會造成各説各話的情形，以至於談話不投機，有害人際關係。

然而，我們常因熱衷於談話而忽略了這個原則。雖然完全沒有惡意要搶先，卻會發生打斷對方講話的情形。比方說，對方正在提問題時，你打岔說：「是啊，我也正想提這點呢。」或者對方反問之際，你連忙矢口否認：「不是！不是！」像這樣的談話方式，不僅容易引起對方不滿而且更重要的是，你根本沒有掌握最主要的資訊。應等候對方説完，再正式提出自己的意見才是。在表達本人看法前，必須用心體會言談之間的真實含義。

在工作上普遍受人歡迎的人，多是瞭解傾聽技巧的人。

老王是某公司的老闆，他就是因此而人緣極佳。例如，星期一上班時，他看到職員曬黑了，便自然地做出揮網球拍的動作，兩人的話匣子就此打開。剛開始時，對方可能會不好意思而客氣地說：「其實我昨天收穫不錯。」不時還會露出得意的表示。如果職員是個釣魚迷，傾聽之後，回答的話要寓含鼓勵，不妨說：「現在釣魚不簡單吧？」或「一天能釣起一條草魚就不錯啦！」等，即使對方成績不理想也不會難為情。因為這無疑是暗示對方，現在天氣不佳，你能釣上一條，已經可稱得上是高手了。

因為他是如此「會聽話」，所以大多數職員都樂於找他談話，而他不但不厭煩，還會給予精神上的支援，難怪會大受歡迎。他就是以「聽話」增進與人的親密感。

傾聽的作用不只是在於表示對對方的尊重，而且在於能抓住對方主要想表達的資訊，以給對方最準確、最喜歡的回應。

傾聽時該怎樣插嘴

在別人說話時，我們要不時地作出反應，比如附和幾句「是啊」，絕不能只聽到一半或只聽一句就裝出自己明白的樣子。讓說者知道你在聽他說，又讓他感覺你在尊重他，使他對你產生濃厚的興趣。

許多人過分相信自己的理解和判斷能力，往往不等別人把話說完就中途插嘴，這種急躁的態度，很容易造成損失，不僅弄錯了問話意圖，中途打斷對方還有失禮貌。但是，在別人說話時不發一語也不好，對方說到關鍵的時刻，說完後，你若只是看著對方而不說話，對方會感到很尷尬，他會以為沒有說清楚而繼續說下去。

有的人在別人說話時表現得自己什麼都聽進去了，可是等到別人說完，他卻又問道：「很抱歉，你剛才說什麼？」這種態度，對於說話者來說是有失禮節的事。

在傾聽過程中，即使你真的沒聽懂，或聽漏了一兩句，也千萬別在對方說話途中突然提出問題，必須等到他把話說完，再提出：「很抱歉，剛才中間有一兩句你說的是……嗎？」如果你是在對方談話中間打斷，問：「等等，你剛才這句話能不能再重複一遍？」這樣，會使對方有受到命令或指示的感覺，顯然，對你的印象就沒那麼好了。

聽人說話，務必有始有終，但是能做到這一點的人不多。有些人往往因為疑惑對方所講的內容，便脫口而出：「這話不太好吧？」或因不滿意對方的意見而提出自己的見解，甚至當對方有些停頓時，搶著說：「你要說的是不是……」這時，由於你的插話，很可能打斷了他的思路，要講些什麼他反而忘了。

老張在鄉下準備蓋了一棟三層的透天厝，當該房子的第三層剛封頂時，幾個朋友在他家吃飯。席間，突然來了一位專門安裝鋁合金門窗的業務，他與老張一見面就遞了張名片。其實這位業務的店也在本地，雖和老張平時見過幾次面，但因為沒有業務上的往來，所以互不認識。後來經過與那業務交談後，他們彼此覺得非常投緣。輪到老張做決定是否將鋁合金門窗的工程讓這位業務做時。老張說：「雖然我們以前不認識，但經過我們剛才的一席話，得知你對鋁合金門窗安裝的經驗相當豐富，假如我房子的門窗讓你來安裝，我相信你能安裝得很好。但是在你今天來之前，我們廠裡一名鉗工已向我提起過，說門窗安裝之事讓他來做……」

老張的話還未說完，那業務便插話了：「你是說那東跑西走的小李？他最近是給幾戶人家安裝了門窗，但他那種做法怎能與我比呢？」這話不說還好，一說便讓老張頓時改變了主意：「沒錯，他雖然是手工作業，沒有你那先進的設備，但他目前已經慢慢完善，基於同事之間的交情，我不能不讓他做！」那位業務只得快快離開了。

之後，老張說：「那個業務沒聽懂我的意思，把我的話給打斷了。本來，我是暗示他，做鋁合金門窗的人很多，不止他一個上門來請求安裝。我打聽到了他做門窗已多年，安裝熟練且很美觀，但他的報價很高，我只是想殺殺他的價格，可是他的一番言詞攻擊了我同事小李的人品，那我寧願找別人，也不要讓他來安裝我的門窗。」

一個精明而有教養的人與人交談，即使對方長篇大論地說個不休，也絕不會插嘴，這說明打斷他人的言談，不僅是不禮貌的事而且什麼事也不易談成。

在宴會上、生日舞會上，我們時常可以看到朋友正和另外一個不認識的人聊得起勁，此時，每個人都存有加入進去的想法。然而實際上呢？你只不過是想聽聽他們到底在講些什麼罷了。但是，一方面你不知道他們的話題是什麼，另一方面你突然加入，可能會讓他們覺得不自然，也許因此而話題接不下去，會覺得你很沒禮貌。

碰到這種情況，你最好等他們說完再過去找你的朋友，即使真有事必須當時告訴他，給他一些小小的暗示，他就會找機會和你談。同時，你還應注意一點，不要靜悄悄地站在他們身旁，好像在偷聽一樣。你要盡可能找個適當機會，禮貌地說：「對不起，我可以加入你們嗎？」或者大方地、客氣地打招呼，叫你的朋友介紹一下，就能很自然打破這個情況。千萬不要打斷他們的話題，以免出現尷尬的氣氛。

不要在別人面前喋喋不休

羅克島鐵路公司打算建一座大橋，把羅克島和達文波特兩個城市連接起來。當時，輪船是運輸小麥、熏肉和其他物資的重要工具。所以，輪船公司把水運權當成上帝賜予他們的特權。一旦鐵路橋修建成功，自然也就葬送了他們的特權，斷了他們的財路。因此輪船公司竭力對修橋提案進行阻撓。於是，美國運輸史上最著名的一個案子開庭了。

時任輪船公司的辯護律師韋德，是當時美國法律界很有名的鐵嘴。法庭辯論的最後一天，聽眾雲集。韋德站在那兒滔滔不絕，足足講了兩個小時。

等到羅克島鐵路公司的律師發言時，聽眾已經顯得非常不耐煩了。這正是韋德的計謀，他想借此擊敗對手。然而，令韋德意外的是那位律師只說了一分鐘。不可思議的一分鐘，這個案子就此聞名。

只見那位律師站起身來平靜地說：「首先，我對控方律師的滔滔雄辯表示欽佩。然而，陸地運輸遠比水上運輸重要，這是任何人都改變不了的事實。陪審團各位，你們要裁決的唯一問題是，對於未來發展而言，陸地運輸和水上運輸哪一個更重要？哪一個不可阻擋？」

片刻之後，陪審團作出裁決，建橋方獲勝。那位律師高高瘦瘦，衣衫簡陋，他的名字叫做——亞伯拉罕．林肯。

韋德之所以用兩個小時滔滔不絕，一方面是在炫耀自己的口若懸河，另一方面也是存心拖延時間，好讓林肯在發言的同時替自己接受聽眾的厭煩。但是他不僅錯估了聽眾厭煩的劇烈程度，而且也低估了對手林肯的機智反應。這樣一來，相比較林肯的言簡意賅，韋德的慷慨陳詞不但沒能加深陪審團的印象，反而愈發顯得惹人生厭。

如何以最簡單的語言表達最清楚的意思，是說話的一個難題。在推銷中，這方面顯得尤為突出，但是一個素不相識的推銷員向別人推銷時，對方一般都不會輕易接受的，何況推銷員還喋喋不休。因此，你在向客戶做推銷時，一定要記著看對方臉色行事。尤其是在向一些大客戶推銷服務時，更要言簡意賅。

克里蒙．斯通說：「『試著向每一個人推銷』是母親給我的指示。起初我一直堅持照著做。我賴在每一個人面前不走，直到把對方煩得累垮。而我在離開他之後，也是筋疲力盡。」

很顯然，這樣做的效果不僅對於推銷業績無所助益，而且久而久之，對自己的推銷能力也將產生懷疑。

後來，克里蒙．斯通決定：「並不一定要向每一個我拜訪的人推銷保險。如果推銷的時間超過預訂的長度，我就要轉移目標。為了使別人快樂，我會很快地離開，即使我知道如果再說下去他很可能會買我的保險。」

誰知這樣做竟然產生了奇妙的效果：「我每天推銷保險的數目開始大增。還有，有些人本來以為我會繼續說下去的，但當我愉快地離開他們之後，他們反而會到另一間辦公室來找我，並且說：『你不能這樣對待我。每一個推銷員都會賴著不走，而你居然不再跟我說話就走了。你回來給我填一份保險單。』」

任何人都不喜歡別人喋喋不休地對自己宣傳，試著簡明扼要地向推銷對象說出你的要求，然後留下一定時間讓對方作出決定，這樣能大大提高你的成功率。

喋喋不休只會讓人心煩，對你失去信任與耐心，由此產生逆反心理，所以如果你經常囉唆不已，就要記得提醒自己不要去浪費別人的時間。

給對方製造說話機會

有些人在生活中常犯一個毛病，就是一旦他們打開話匣子就難以止住。其實，這種人得不償失，因為他們自己付出太多，話說得多了，既費精力又給他人傳遞的資訊太多，也還有可能傷害他人；另外，他們無法從他人身上吸取更多的東西，當然問題不在於別人太吝嗇，而是他不給別人機會。大多數人使別人同意他們的觀點時，總是費盡口舌，尤其是推銷員常犯這種划不來的錯誤。

讓對方盡情地說話，他對自己的事業和自己的問題瞭解得比你多，所以向他提出問題吧，讓他把一切都告訴你。如果你不同意他的話，你也許很想打斷他。但千萬不要那樣做，那樣做很危險。當他有許多話急著要說的時候，他不會理你的。因此，你要耐心地聽著，抱著開闊的心胸，誠懇地鼓勵他充分地說出自己的看法。

這種方式在商界會有所收穫嗎？我們來看看有人親自去嘗試的例子：

數年以前，美國最大的一家汽車工廠正在接洽採購一年中所需要的坐墊布。三家有名的廠家已經做好樣品，並接受了汽車公司高層的檢驗。然後，汽車公司給各廠發出通知，讓各廠的代表作最後一次的競爭。

有一廠家的代表基爾先生來到了汽車公司，他正患著嚴重的咽喉炎。「當我參加高級職員會議時，」基爾先生在卡耐基訓練班中敘述他的經歷說，「我嗓子啞得厲害，差不多不能發出聲音。我被帶進辦公室，與紡織工程師、採購經理、推銷主任及該公司的總經理面洽。我站起身來，想努力說話，但我只能發出尖銳的聲音。

「大家都圍桌而坐，所以我只好在本上寫了幾個字：『諸位，很抱歉，我嗓子啞了，不能說話。』

『我替你說吧。』汽車公司總經理說。後來他真替我說話了。他陳列出我帶來的樣品，並稱讚它們的優點，於是引起了在座其他人活躍的討論。那位經理在討論中一直替我說話，我在會上只是做出微笑點頭及少數手勢。

令人驚喜的是，我得到了那筆合同，訂了五十萬碼的坐墊布，價值一百六十萬美元——這是我得到的最大訂單。我知道，要不是我實在無法說話，我很可能會失去那筆合同，因為我對於整個過程的考慮也是錯誤的。透過這次經歷，我真的發現讓他人說話有時是多麼有價值。」

如果能夠給人家說話的機會，你就能給人留下了一個好印象，以後人家和你談話絕不會嫌你討厭而避開了。如果你想要得到別人的信賴，受別人歡迎，你要記住一個訣竅就是：給對方製造機會，鼓勵對方說出心裡話。

紐約《先鋒論壇報》經濟版上曾出現過一幅巨大的廣告，徵聘一個具有異常能力和經驗的人。查理斯．古比里寄去了應徵的信。幾天以後回音來了：請他去面談。

在去面談以前，他花了許多時間在華爾街盡可能地打聽有關那個公司老闆的一切情況。在面談時，他說：「如果能替一家你們這樣的公司做事，我將感到十分驕傲。我知道你們在二十八年前剛成立的時候，除了一個小辦公室、一位速記員以外，什麼也沒有對不對？」

幾乎每一個功成名就的人，都喜歡回憶自己多年奮鬥的情形，當然這位老闆也不例外。他花了好長時間，談論自己如何以四百五十美元和一個新穎的念頭開始創業。他講述自己如何在別人潑冷水和冷嘲熱諷之下奮鬥著，連假日都不休息，一天工作十六個小時。

他克服了無數的不利條件，而目前華爾街生意做得最好的那幾個人都還得向他索取資料和請教，他為自己的過去而自豪。他有權自豪，因此在講述過去時十分得意。最後，他只簡短地詢問了一下古比里的經歷，就請一位下屬進來，說：「我想這就是我們所要找的人。」

古比里先生花了工夫去瞭解他未來老闆的成就，表示出對對方和他的問題感興趣，並鼓勵對方多說話，進而給人留下了一個很好的印象。

在與別人交談時，如果你發現自己的耳朵快關閉了，那麼請當機立斷閉上嘴巴，給對方更多的談話機會。談吐不一定總能讓你受到尊敬，但耐心傾聽會為你得到別人的青睞。正如法國哲學家羅西法考說：「如果你要樹敵人，就勝過你的朋友；但如果你要得到朋友，那就讓你的朋友勝過你。」事實上，即使是我們的朋友，也寧願聽我們談論他們自己的成就而不願聽我們吹噓自己的成就。

如何在傾聽中回應與附和

不是每個聽力正常的人都會聽，不信，看看下面的例子就知道了。這裡所說的聽是傾聽，是對說者表現出了極大的注意的聽。

有人做過這樣一個實驗，來證明聽者的態度對說者有著極大的影響。一是讓學生表現出一副心不在焉的樣子，結果上課的教授照本宣科，不看學生，無強調，無手勢。二是讓學生積極投入——傾聽，並且開始使用一些身體語言，比如適當的身體動作和眼睛的接觸。結果教授的聲調開始出現變化，並加入了必要的手勢讓課堂上的氣氛生動了起來。

由此看出，當學生表現出一副心不在焉的樣子，教授因得不到必要的反應而變得滿不在乎。但是當學生改變態度，用心去傾聽時，其實是從一個側面告訴教授：你的課講得好，我們願意聽。這就是無聲的讚美，並且起到了積極的效果。

從上面的例子也可以看出，傾聽時加入必要的身體語言，是非常有必要的。行動勝於語言。身體的每一部分都可以顯示出激情、讚美的資訊，可增強、減弱或躲避、拒絕資訊的傳遞。精於傾聽的人，不會做一部沒有生氣的答錄機，他會以積極投入的狀態，向說話者傳遞「你的話我很喜歡聽」的資訊。

俗語說，「眼睛是心靈的視窗」適當的眼神交流可以增強聽的效果。這種眼神是專注的，而不是遊移不定的。是真誠的，而不是虛偽的，發自靈魂深處的眼神是動人心魄的。傾聽者還必須做一些「小動作」。身體向對方稍微前傾，表示你對說者的尊敬；正向對方而坐，表示「我們是平等的」，這可使職位低者感到親切，使職位高者感到輕鬆。自然坐立，手腳不要交叉，否則讓對方認為你傲慢無禮。

傾聽時和說話人保持一定的距離，恰當的距離給人安全感，使說話者覺得自然。動作跟進要合適，太多或太少的動作都會讓說者分心，讓他認為你厭煩了。正確的動作應該跟說話者保持同步，這樣說話者一定會把你當做「知心人」。

傾聽並不意味著默默不語，除了做一些必要的「小動作」外，還得動一動自己的嘴。恰當的附和不但表示了你對說者觀點的讚賞，而且還對他暗含鼓勵之意。

當你對他的話表示贊同時，你可以說：

「你說得太好了！」

「非常正確！」

「這確實讓人生氣！」

這些簡潔的附和讓說話者為想釋放的情感找到了載體，表明了你對他的理解和支持。同時，聽者還可以用一些簡短的語句將說者想傳達的中心話題歸納一下，能夠使說者的思想得以凸顯和昇華，同時也能提高聽者的位置。另外，我們還可以向說話者提一些問題。這些提問既能表示你對說者話題的關注，又能使說者說出欲說無由的得意之言。

學會傾聽能使我們更好地理解別人，有助於克服彼此間判斷上的傾向性，有利於改善交往關係。在入神的傾聽別人談話時，你已經把你的心呈現給對方，讓對方感受到了你的真誠。我們去傾聽別人的時候，也就是我們設身處地理解他們的幸福、痛苦與歡樂的時候，使我們能夠把對方的優點和缺點看得更清楚。而這些結論再透過我們有效的附和來傳達到對方心裡，這才能算是一次完美的交流。

對於領導人來說，傾聽職員的談話，在有助於充分瞭解下情的同時，說明瞭你對下屬的體貼和關心。這種沒有架子的平民領導人到哪裡都會受員工歡迎。對於員工來說，傾聽領導人的談話，是對領導人威嚴的有效維護，說明了你對他的尊重。這樣的員工，說出來的話——即使不是讚美之辭，領導人也會很喜歡聽的。在員工之間，傾聽則能促進情感，加深相互間的理解，引發精神上的共鳴。

「無聲勝有聲」的技巧

雄辯如銀，沉默是金。在我們的生活、工作中，有些時候確實是沉默勝於雄辯。與得體的語言一樣，恰到好處的沉默也是一種語言藝術，運用好了常會收到「此時無聲勝有聲」的效果。

比如，親人依依惜別，知己久別重逢，在這種悲歡離合、百感交集的時刻往往不是萬語千言，互訴衷腸，而是「默默無語兩眼淚」，似乎只有沉默才能表達出此時此刻的百轉柔腸。再有，熱戀中的情人，花前月下，相依相偎，深情繾綣，彼此卻默默無語，只能聽到戀人的心跳，此刻是兩顆心兒在互訴衷情，任何甜言蜜語的表白只能是多餘的。

「於無聲處聽驚雷」，很多時候，無聲的行動比萬語千言更有力量。

日本海軍偷襲珍珠港得手後，儘管美軍損失慘重，太平洋艦隊幾乎全軍覆沒，但是在一些美國議員之中，還有為數不少的議員反對美國向日本宣戰。

當時羅斯福已經將局勢分析得十分明朗，他明白如果不趁日軍立足未穩時發動戰爭，等到將來會變得異常艱鉅。同時，他也明白那些持反對態度的人的想法。一戰中，美國在最後階段才參戰，而且戰爭沒有在美國本土進行，反而美國因一戰而大發其財。所以，現在美國一旦參戰，國內經濟必受影響，同時戰爭的勝負很難預料。如果戰事對美國不利，到時如何收場？羅斯福明白這些人的憂慮，但他以政治家的眼光覺察出這些擔憂是不必要的，所以他決定：美國必須參戰。

在一次會議上，當大家為戰還是不戰而爭論不休時，羅斯福突然要站起來，因為他雙腿殘疾，所以平常總以車代步。當他掙扎著要從車上站起來時，兩名白宮的侍從慌忙上前想幫他一把，但是羅斯福憤怒地將他們推開。於是，在眾人驚訝的目光中，羅斯福搖搖晃晃地從椅子上緩緩地站了起來。然後他滿臉痛苦卻倔強地堅持站著，默默地看著周圍的人不發一語。全國的電視觀眾都看到這一幕，他們都受到感動了。是呀，有什麼困難是不能克服的？於是，國會很快作出決議：「對日宣戰」。

羅斯福這艱難一站，頗有橫刀立馬、馳騁疆場的氣魄，展現了非凡的勇氣和力量，給猶豫不決的美國人堅定的信心和決心，使殘酷的戰爭閃爍出人類智慧與勇氣的火花。

「無聲勝有聲」是一種力量的展示，有些人說話態度很積極，但發表意見時不免有些偏頗，令人難以接受，若直截了當地駁回又易挫傷其積極性，循循誘導又費時，精力也不允許，最好的辦法便是毫無表情的緘默。

沉默是金並不是說人應該閉口不言，而是要言默得當，當說則說，不當說則三緘其口。懂得說話藝術的人非常明瞭這一點，真正做到了言默自在心頭。這是因為他們掌握以下三條原則：

▼一、該說的對象便說，不該說的對象則不說

如有需要求人之事，遇到肯熱心幫忙的人則說，否則便不能說；有些事遇到有性格沉穩之人可以說，遇上是非多端的人則不能說；對於性格靦腆的人不要亂開玩笑；對於有生理缺陷的人不要涉及相關的話題；對於妒忌心強的人不要談論自己和別人的成就；對於異性不要有容易引起誤會的措辭。

▼二、該說的事情便說，不該說的事情則不說

可以談眾所周知之事，不能談別人的隱私；背後可以談別人的優點，不可談別人的過錯；可以談既成的事實，不可空談今後的打算；可以談對方感興趣的事，不可談對方忌諱的事。

▼三、該說的時候便說，不該說的時候則不說

在對方心情舒暢時可以談求助之事，在對方心煩意亂時則不談；在對方情緒低落時可以談令對方振作之事，遇對方興致很高時不可談令對方掃興之事；在對方喜慶的日子不談不吉利之事，在對方哀傷的時候不談惹人歡笑之事。

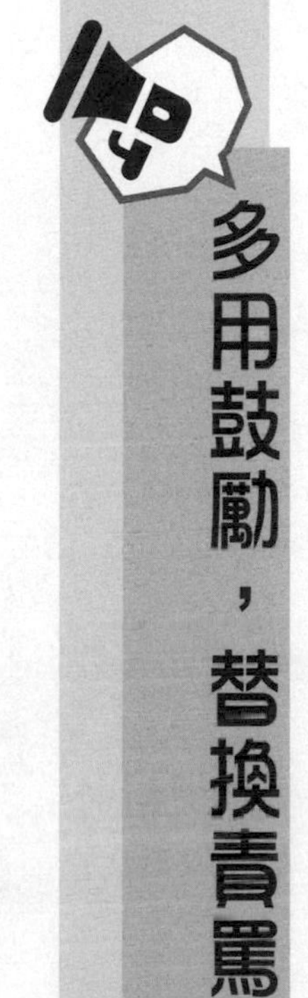

多用鼓勵，替換責罵

生活中，作為父母、老師、上司，經常會碰到「不爭氣」的孩子、學生和下屬，這時應該怎麼做？橫眉怒對嗎？這樣只會增加他們的沮喪心理，對正失意的人來說，需要更多的是鼓勵。

美國作家霍桑曾經是個小職員，有一天他垂頭喪氣地回到家對太太說：「我失業了。」誰知太太聽了，不但沒有表現出不滿，反而興奮地叫起來了：「你終於可以專心寫作了！我一直相信你有寫作的才華，你一定會寫出名著來的！」在太太的鼓勵下，霍桑開始專心寫作，最終成為有名的作家。

鼓勵失意者最好的辦法是告訴他：你很優秀。

紐約布魯克林的一位老師魯絲．霍普斯金太太，在新學期開學的第一天，看過班上的學生名冊時，對本該興奮和快樂的新學期卻心懷憂慮：今年，在她班上有一個全校最頑皮的「壞孩子」——湯姆。他不只是做惡作劇，還跟男生打架、逗女生、對老師無禮、在班上擾亂秩序，而且好像還愈來愈糟。他唯一的優點，就是很快能學會學校的功課。

霍普斯金太太決定立刻面對湯姆的問題。當見到新學生時，她講了一些話：「羅絲，妳穿的衣服很漂亮。愛麗西亞，我聽說妳很會畫畫。」當念到湯姆的名字時，她直視著湯姆，對他說：「湯姆，我聽說你是個天生的領導人才，今年我要靠你幫我把這個班變成四年級最好的一個班。」在頭幾天，她一直強調這點，誇獎湯姆所做的一切，並評論他的行為表示他是一位很好的學生。後來湯姆真的變了，他漸漸地約束了自己的行為，變成了一個好學生。

這位老師用鼓勵的語言拯救了一個孩子。我們不僅看到作為老師對學生的耐心教導，也體會到使用好語言對他人的重要作用。鼓勵的話就像一劑強心劑，使聽者看到「重生」的希望，並充分地認識到，自己還有諸多美好的可能。這些可能遠要比自己想像的更完美。「你很棒」、「我為你驕傲」等類似這樣激勵的語言，並不難說，但它有時會決定一個人的命運。

再來看美國紐約州第一位黑人州長羅傑．羅爾斯的故事。

羅傑．羅爾斯是美國紐約州歷史上第一位黑人州長。他出生在紐約聲名狼藉的大沙頭貧民窟，這裡環境骯髒充滿暴力，是偷渡者和流浪漢的聚集地。在這兒出生的孩子耳濡目染，他們從小翹課、打架、偷東西甚至吸毒，長大後很少有人從事體面的工作。

但是，羅傑·羅爾斯是個例外，他不僅考入了大學，還成了州長。

在就職的記者招待會上，一位記者對他提問：「是什麼把你推向州長寶座的？」面對三百多名記者，羅爾斯對自己的奮鬥史隻字未提，只談到了他上小學時的校長——皮爾·保羅。

一九六一年，皮爾·保羅被聘為諾必塔小學的董事兼校長。當時正值美國嬉皮士流行的時代，他走進大沙頭諾必塔小學的時候，發現這裡的窮孩子比「迷惘的一代」還要無所事事。他們不與老師合作，曠課、鬥毆，甚至砸爛教室的黑板。皮爾·保羅想了很多辦法來引導他們，可是沒有一個奏效。後來他發現這些孩子都很迷信，於是他上課的時候就多了一項內容——幫學生看手相，他用這個辦法來鼓勵學生。

當羅爾斯從窗臺上跳下，伸著小手走向講臺時，皮爾·保羅說：「我一看你修長的小拇指就知道，將來你會成為紐約州的州長。」當時，羅爾斯大吃一驚，因為長這麼大，只有他奶奶讓他振奮過一次，說他可以成為五噸重小船的船長。這一次，皮爾·保羅先生竟說他可以當紐約州的州長，著實出乎他的預料。

他記下了這句話，並相信了它。從那天起，「紐約州州長」就像一面旗幟，羅爾斯的衣服不再沾滿泥土，說話時也不再夾雜汙言穢語。他開始挺直腰杆走路，在以後的四十多年間，他沒有一天不按州長的身分要求自己。五十一歲那年，他終於成了州長。

一句鼓勵的語言，能夠掃去他人的自卑，提振他人的信心；一句鼓勵的語言，能夠培養他人自尊與自愛，使他人不被挫折所敗；一句鼓勵的語言，溫暖他人的同時也照亮了自己的心靈。

沒有掌聲的演出是可怕的，有誰受得了死一般的寂靜？沒有鼓勵的人生是可悲的，有誰願在抑鬱中過完一生？所以，請在別人跌倒時將他扶起，在別人灰心時點燃他的希望之火，在別人迷茫時為他拂開雲霧。如同沒有好學生與壞學生，只有個性不同的學生一樣，面對那些所謂「不爭氣」的人，我們需要的是鼓勵而不是嘲諷與責罵，他們只是暫時的不成功，只要經由鼓勵給他們自信，就可以讓他們從「不能」的自卑中走出來。

如何在激勵中體現信任

如果對某個人表現出充分的信任，那對方就會在你的這份信任下努力想要達到你所期望的目標。對此，成功的大企業家松下幸之助有很深的體會。當他注意觀察公司內的員工時總會覺得那些員工比自己優秀，然後他還會對員工說：「我對這件事情沒有自信，但我相信你一定能夠做得到，所以就交給你去辦吧。」而員工由於聽了他的話而感覺自己被重視，因此竭盡全力把事情做好。

一九二六年，松下電器公司要在金澤市設立營業所。松下從來沒有去過金澤，但經過多方考察與考慮，還是認為有必要成立一個營業所。但是，松下又開始猶豫應該派誰去主持那個營業所。當然，勝任那個工作的高級主管還不少，但是那些老資格的管理人員必須留在總公司工作。因為他們當中的誰要是離開總公司，都會對總公司的業務造成不利影響。這時，松下幸之助想起了一位年輕的業務員。

那位業務員當時只有二十歲，松下把他找來，對他說：「公司決定在金澤設立一個營業所，我希望你能去主持這項工作。現在你就立刻去金澤，找個適當的地方，租下房子，設立一個營業所。我已經準備好一筆資金，讓你去進行這項工作了。」

聽了這番話，年輕的業務員大吃一驚。他不解地問：「這麼重要的職務，讓我這個剛進入公司才兩年的人去擔任，不太合適吧？而且，我也沒什麼經驗……」

但是，松下覺得應該對年輕人表現出足夠的信任，於是他幾乎用命令的口吻說：「你沒有做不到的事情，你一定能夠做得到的。你想，像戰國時代的加藤清正、福島正則這些武將，都在十幾歲時就非常活躍了。他們在很年輕時就已經擁有了自己的城堡，統率部下，治理領地百姓。還有，明治維新時的志士們不都也是年輕人嗎？他們在國家艱難的時期都能夠適時地站出來，建立了新時代的日本。你已經二十歲了，不可能這樣的事情都做不來的，放心吧，我相信你一定能夠做到的。」

這一番話使得那位年輕的業務員下定決心說：「我明白了，您就放心讓我去做吧。非常感激您能夠給我這個機會，實在是光榮之至，我一定會好好去做的。」

年輕人一到金澤就立即展開準備工作。他每天都會寫一封信給松下，告訴他自己正在找房子，後來又寫信說房子已經找到，後來又是裝修等等，把自己的進展情形一一向松下彙報。很快的，他在金澤的籌備工作完全就緒。於是，松下又從大阪派了兩、三名員工過去，開設了營業所。

正如松下幸之助所認為的，激勵員工的要訣很多，但最重要的還是能夠信賴他人，把工作完全交給他。受到信賴、得到全權處理工作的認可，任何人都會無比興奮，相對地也會產生責任心和全力以赴地工作。

是的，通常一個受上司信任、能放手做事的人往往都會有較高的責任感，因此當上司無論交代下什麼事情，他都會竭盡全力去做好的。

除此之外，在現實生活中，信任也是一種最好的激勵。比如説家長想要孩子達到某一目標時，他並不是諄諄地對孩子進行説教，而是説一句「你可以的」這樣表達充分信任的話，或者做一個信任的手勢等。孩子就會因此而努力達到目標。所以要想激勵別人時，不妨拿出你的信任。

別人遭遇不幸要及時安慰

當失落喪氣時，你希望有人給你勇氣；當猶豫彷徨時，你希望得到別人的理解；當精神頹喪時，你希望朋友有人熱情的鼓勵、支持，從這一切一切中，我們重新獲得了希望，得到了生活的勇氣。

人就是這樣，需要能夠一起分享快樂、承擔痛苦的人，當一個人遭受不幸時，能夠一直陪在他身邊安慰他的人會更容易得到真正的友誼。當遭遇不幸時，他人的關心及時安慰更能讓失意者儘早從陰影中走出來，開始新的生活。

一個夏日的傍晚，一位少婦投河自盡，被正在河中划船的船夫夫婦救起。船夫的妻子關切地問道：「妳年紀輕輕，為什麼要尋短見呢？」

少婦哭得很傷心，說：「我才結婚一年，丈夫就拋棄我，我活著還有什麼意思呢？」

「那我問妳，妳一年以前是怎麼過的呢？」船夫妻子問道。

少婦回憶起自己一年前的美好時光，她眼前一亮：「那時我自由自在，無憂無慮，對生活充滿了希望。」

「那時妳有丈夫嗎？」船夫妻子又問。

「當然沒有啦。」少婦答道。

船夫妻子說：「那麼妳不過是被命運之船送回到一年前，現在妳又自由自在，無憂無慮了，妳什麼也沒損失啊。」

少婦想了想，說：「這倒是真的，我怎麼會和自己開了這麼大一個玩笑呢！」說完，又重新充滿了希望。後來，少婦和船夫一家人也成了好朋友。

人在悲傷的時候，總會認為未來的生活毫無希望，進而失去對生活的興趣，老船夫讓少婦回憶起過去的美好生活，讓少婦明白生活中還是有很多讓人快樂的事情，重新點燃了她對生活的希望之火。這就是及時安慰的力量。

人在遭遇不幸以後，情緒會很低落，經常會心煩意亂，胡思亂想。你如果能夠將安慰送給他們，他們的心情就會好轉，並對你心存感激。不過，安慰時要講究一些技巧，首先不要對其指手畫腳「你不應該這樣做……」我們所要做的只是幫助其調節情緒，讓他不要對不幸耿耿於懷。另外，有的人心理承受能力較弱，遇到一點困難就一蹶不振，這時你也要及時地對其進行安慰並鼓勵他儘快振作起來，喚醒他的自我意識，幫助其回想以前的成功或者給他一個好的願景，讓他對自己充滿信心。

當身邊人遇到不幸時，這種不幸無論是身體上的疼痛還是心理上的失意，你都應該及時安慰。設身處地的考慮其所需要的說明，幫助對方走出失落的陰影，而不是等到他沉淪在不幸的痛苦中受到傷害時，我們才意識到要安慰。

第六章

幽默是人脈的黏合劑

幽默能縮短彼此間的距離

社交成功的人往往離不開一張社交好嘴，而要說到社交口才，風趣的談吐不得不提。幽默的語言能說明我們與他人進行溝通和交往。幽默的說話方式無疑就像濕潤的細雨，可以沖淡緊張的氣氛，緩解內心的焦慮，縮短彼此間的距離，是胸襟豁達的表現，即使在不愉快中也能沁人心脾，破除尷尬。

當發生衝突時，那些缺少幽默感的人往往會把事情弄得越來越僵，而幽默者則能使交際變得更和順、更自然。幽默的語言在某些場合下會產生神奇的效果。

一個肉店老闆在路上碰見了他想去找的律師。他問道：「如果一隻狗偷吃了別人的東西，那麼這隻狗的主人是不是要替自己的狗賠錢？」

律師回答：「那是當然的了。」

「你講話算數嗎？」

「當然！我是專門從事訴訟的律師，我講話是有法律依據的。」

「那麼，請你付給我十塊錢吧，因為你的狗偷吃了我的一塊肉。」

律師笑道：「好，我同意。但是你要知道，我是律師，凡是向我諮詢每次收費二十塊錢，所以你必須先付給我二十塊錢，扣除我賠償你的十塊錢之後，你還應付給我十塊錢。」

看了這則幽默故事後，你的心情或許會放鬆很多。在人際交往中，讓自己幽默一點，不但可以放鬆心情，還可以累積人脈，一舉雙得。

富有幽默感的人不但能愉快地做事，更能愉快地說話，走到哪兒，歡樂就散播到哪兒。這樣的人由於有情趣，能使人歡笑、使人快樂，因此人人都願意與之相處。

常言道：「會做的不如會說的。」幽默的確好處多多。正如已故作家李敖對自己的口才及其魅力所作的評價：「我這類機智，不單表現在演講會上，私下裡也能片言解紛，化窘為夷。」的確，把話說得得體、幽默，會使問題更容易得到解決。

有家公司為主管們安排了有關溝通的教育訓練課程。上了一星期課之後，有位主管在責備一個老是遲到的下屬時，費盡心思，想在罵他的時候又能保住他的面子。後來，他把這個下屬找來，面帶笑容地對他說：「我知道遲到絕對不是你的錯，全怪鬧鐘不好。所以，我打算訂製一個人性化的鬧鐘給你。」

這個主管對下屬眨了眨眼睛，故作神祕地說：「你想不想聽聽它是怎樣的人性化？」下屬點點頭。

「它先鬧鈴，你醒不過來，它就鳴笛，再不醒，它就敲鑼，再不醒，就發出爆炸聲，然後對你噴水。如果這些都叫不醒你，它就會自動打電話給我幫你請假。」

這位主管是智慧的，他將下屬的錯誤故意推到了鬧鐘身上，透過鬧鐘越來越激烈的反應，暗示這位下屬的遲到問題有多嚴重。如此詼諧的表達，既讓下屬感覺到自慚形穢，又會讓下屬對於這種幽默的委婉表達感激不已，進而使比較難處理的責怪問題變得容易。

幽默是人際交往的潤滑劑。學會恰當地運用幽默，會使人與人之間的溝通更加順利，使人際關係更加和諧。幽默是生活的調味料，它使我們的生活更加有滋味。但是，再好的調味料都不可濫用，就好比用鹽，用一點可以使菜味鮮美，但用得太多便會讓人難以下嚥。在溝通時，幽默只有運用得當，方可發揮它的魅力。

用幽默奠定友好的溝通基調

友好、誠摯、認真的溝通氛圍，對於溝通雙方來講，都具有重要的意義。在溝通時，雙方應該調整情緒，鬆弛各自的精神狀態，除了態度要友好、誠摯以外，最好還要用語言表現出適度的幽默，這對形成友好融洽的溝通氛圍是非常有利的。適度的幽默有利於奠定快樂、輕鬆的溝通基調。

▼一、快樂的溝通基調

溝通開始的時候，雙方都會有些緊張或者不自在，特別是第一次交往的時候更是如此。當一個人的內心產生某種強烈欲望的時候，他很快就會擺出備戰的狀態，精神也就會變得緊張。這時，幽默能讓溝通雙方放鬆，能夠平添情趣，打破緊張的局面，創造祥和的氛圍。在某音樂節目中，由歌星周華健和影視明星瞿穎一起頒獎。一上來，周華健和瞿穎有一段對話。

周：「今天在後臺，要跟你一塊兒出來我掙扎了很久。」

瞿：「內心非常矛盾是吧。」

周：「非常矛盾。我想請問一下，上面的空氣好嗎？」

瞿：「還好啦，沒有那麼誇張。」

周：「我真的很好奇，我真的很想問，你每天都吃什麼，可以長這麼高。」

瞿：「基本上我最愛吃的是火鍋。我也經常問我父母這個問題，我為什麼長這麼高呢，他們每次都不回答這個問題，只是非常驕傲地看著我。」

周：「我有一首歌要唱的是『我兒子比較煩比較煩』，因此我從今天開始就要我兒子早餐、中餐、晚餐都吃火鍋。」

這一切都源於瞿穎原本是個時裝模特兒，身材較高，周華健與她站在一起頗有壓力，才引出這個話題。而一句「上面的空氣好嗎」，既誇張又貼切。怪不得觀眾大笑，這種輕鬆、愉快的開場白，立刻讓現場活躍起來。

▼二、輕鬆的溝通基調

在一次綜藝晚會上，藝人淩峰登臺，有這樣一段自我介紹：

在下淩峰……這兩年，我們大江南北走了一道，男觀眾對我的印象特別好，因為他們見到我覺得有點優越感，本人這個樣子對他們沒有任何威脅很放心，他們認為本人長得很愛國（笑聲）。一般說來，女觀眾對我的印象不太好；有的女觀眾對我的長相已經到了忍無可忍的地步。（笑聲）她們認為我是人比黃花瘦，臉比煤球黑。（笑聲）但是我要特別聲明，這不是本人的過錯，實在是父母的錯誤，當初並沒有徵得我的同意就把我生成這個樣子。（笑聲、掌聲）但是，時代在變，潮流在變，現在的男人基本上可以分為三種：第一種，你看上去很漂亮，看久了也就那麼一回事，這一種就像我的好朋友劉文正這種；第二種，你看上去很難看，看久了以後是越看越難看，這種就像我的好朋友陳佩斯這種；（笑聲）第三種，你看上去很難看，看久了以後你會發現他另有一種男人的味道，這種就是在下我這種了。（笑聲、掌聲）鼓掌的都表示同意了！鼓掌的都是一些長得和我差不多的，真是物以類聚啊！（笑聲、掌聲）

這段話的前半部分是自貶，似乎是故意虛擬了一段男、女觀眾對其「醜」的評價，藉以形象的漫畫式語言描繪自己的老、瘦、黑，這就將自己的「醜」嘲諷得無以復加了，包括對父母未徵求他「同意」就把他生出來的「埋怨」；然後他巧妙地設置幽默的「突轉」，節外生枝地提出所謂「男人分類」的「理論」，而且根據這個「理論」，在嬉笑逗樂中「順理成章」地既貶低了別人又順帶「美化」了自己，更出人意料的是，最後竟將順貶「波及」為其鼓掌的觀眾。

這其實是自嘲的泛化和擴張，話語結構跌宕起伏而且揮灑自如，很成功地將全場「同化」於幽默的氛圍之中。在我們的生活中，溝通是無處不在的，善用幽默的技法為自己奠定友好的溝通基調，無疑會使溝通更加順利。正如「誠於衷則形於外，慧於心則秀於言」，幽默的話語往往閃耀著智慧的火花，往往能夠拉近雙方的感情，為交談創造出融洽的氣氛。

講究技巧，拒絕偽幽默

何為幽默？對於幽默的含義各人都有不同的理解，「幽默」一詞在中國得以廣泛流傳，林老先生功不可沒。當年魯迅、蔡元培、林語堂等大家為譯成「幽默」還是「詼摹」有過一番爭論。

林語堂說，humor既不能譯為「笑話」，又不盡同「滑稽」；若必譯其意，或可用「風趣」、「諧趣」、「詼諧」，無論如何，總是不如音譯的直截了當，也省得引起別人的誤會。凡善於幽默的人，其諧趣必愈幽隱；而善於鑒賞幽默的人，其欣賞尤在於內心靜默的理會，大有不可與外人道之之滋味。

幽默，生動有趣而意味深長，中國古代稱笑話為雅謔或雅浪，而幽默字義有幽者雅也，默則可理解為機智冷靜，林語堂的譯法可謂獨到。

也有人說，幽默是一種優美的健康品質。這樣說來，幽默應是對噱頭、調侃、貧嘴、說教、賣弄、裝傻賣乖或尖酸刻薄的超越。在我們當下流行的文化裡，在我們的電視裡，在我們廣播中，讓人感到非常遺憾，實在是因為噱頭、調侃、貧嘴、說教、賣弄、尖酸刻薄和裝傻賣乖等偽幽默已經氾濫成災。相聲、小品、娛樂節目，演員們、主持人們、追逐時髦的少男少女們，幾乎都在「幽默」著，而現場的觀眾居然也被逗笑了。

雖然幽默這個外來詞走入我們的生活已經很久了，但隨著時間的流逝，幽默的定義逐漸被曲解了，幽默這個高雅的詞也被濫用了；被稱之為「有趣」的東西實際上是低級趣味；被稱之為「可笑」的東西常常令人似笑非笑而感受乏味；被稱之為「意味深長」的東西實際上是意味「伸長」到無影無蹤。

在幽默語言中，不管是舞臺表演的，還是人際交往的，性暗示過分強烈的叫做葷幽默或黃色幽默，反之則可以理解為「素幽默」。黃色幽默發生在公開場合，有傷大雅，引人反感，即使本來可能接受它的人，也往往顧忌朋友師長的態度而不知如何反應是好。所以，這種葷幽默最不宜在公眾場合講，否則不但令人不愉快，還會降低自己的魅力。

眾所周知，幽默是以社會生活為基礎產生的，它不是虛飄在空中的幻景，它的存在本身體現了人們多方面的社會功利需要，包括懲惡揚善、溝通心靈、調解紛爭等等，這使幽默必然地要和諷刺、嘲笑、揭露聯繫在一起。

但是，幽默所有的善意的諷刺、溫和的嘲笑，其中灌注著深厚的情感因素，正像薩克雷《布朗先生致侄兒書》所說的：「幽默是機智加愛。」愛減弱了幽默批評的鋒芒，透過誘導式的意會發生潛移默化的作用。苛刻的幽默很容易流於殘忍，使人受到傷害、陷於焦慮之中。通常，譏諷、攻擊、責怪他人的幽默，也能引人發笑，但是它卻常常造成意想不到的後果，使本應歡樂的場面變得十分尷尬。

一位中學教師在出差途中拎了一串香蕉去看望一個多年未見、新近升為副處長的老同學。老同學心寬體胖，雍容富態，開門見是同窗好友，一邊請他進屋，一邊指著他手中的香蕉戲謔道：「你何時落魄到走後門了？我清正廉明，拒絕歪風邪氣腐蝕賄賂啊。」一句譏諷的調侃使教師反感頓生，轉身就走。

顯而易見，幽默既不等同於一般的嘲笑、譏諷，也不是為笑而笑，輕佻造作地貧嘴耍滑。幽默畢竟是修養的體現，它與中傷截然不同。幽默好似「維生素」，中傷卻似惡人劍；幽默笑談是美德，惡語中傷是醜行。真正好的幽默是真情實感的自然流露，是嚴肅和趣味間的平衡，它以一種古怪的方式激發出來，卻經常表現出心靈的慷慨仁慈。

正因為這樣，譏諷他人受到許多幽默理論家的一致反對。林語堂認為幽默與諷刺極近，卻不能以諷刺為目的。諷刺每趨於酸腐，去其酸辣，而達到沖淡心境，便成幽默。瑪科斯．雅克博似乎更率直：「不要諷刺！諷刺會使你和受害者都變得冷酷無情。」

如果總是要在與你地位、處境相差很遠，確切地說是比你背景差的人身上打主意，對那些不如你的人拼命調侃，這可算是幽默的一大偽造。幽默之所以成為幽默，其必要條件就是使人快樂，而一切痛苦或不愉快的因素都不能因它而生，否則就不是真正的幽默。

另外，千萬別輕視別人的職業。職業蔑視很致命，你嘲笑對方本來就不滿意的職業無異於嘲笑對方的才能、信仰、人品甚至人格，隨意玩笑的結果只會是造成彼此深切的隔閡。人的職業選擇有自願和非自願兩種，因此心理上也會產生驕傲或自卑兩種截然不同的情結。洋洋得意者固然從你的風趣中感受到了羨慕，而更多的失意者則只能從你的調侃裡嗅出輕蔑的氣味，由此產生無法消除的誤解。

幽默能使平淡的生活增加情趣，能使淡漠的關係得以融洽，也能作為增進彼此關係的潤滑劑。而偽幽默則是為幽默而幽默，虛偽做作，甚至粗俗惡俗，輕則令人生厭，重則傷人自尊，惡化人際關係。生活中我們要講究幽默的分寸和技巧，拒絕偽幽默。

運用幽默別忘六大忌諱

言語幽默的人處處受人歡迎，言語幽默的人更容易獲取成功的機會。英國著名戲劇家莎士比亞說過：「幽默和風趣是智慧的閃現」。法國作家雷格威更斷言：「幽默是比握手更進步的一大文明。」

什麼樣的幽默才能有助於你成功呢？在運用幽默的語言時應注意哪些內容呢？

▼一、忌不明確目的，不掌握尺度

比方說，這恰如用杠杆原理去撬一塊石頭，目的是搬石頭，有了目的便會有方向，而弄清石頭的支點在哪裡則是關鍵，這是非常明確的關係。幽默的目的有大有小、有遠有近。一般的社交場合中，幽默家一試身手的目的有二：一是把聽眾給逗樂了，讓他們哈哈大笑，在自己努力創造的歡樂氣氛中聯絡感情，辦好事情。二是展示才華，表現自我。

幽默的尺度，也是幽默的支點，通常人們所運用的都是嘲諷假的醜的，頌揚真善美的道德尺度。即對幽默題材物件運用正確的道德評價，不用愚昧去嘲笑科學、不用錯誤的標準去攻擊正確的事物。據說火車剛發明時還沒有馬跑得快，人們便因此而嘲笑它。因此，我們必須注意幽默尺度的選擇。

▼二、忌拿莊嚴的事物當作幽默的題材

什麼是崇高？它就是人們所尊崇的莊嚴的事物。比如說，一個民族、國家、社會制度和人生的信仰等。

每個時代不同的人群都有自己尊崇的「聖賢」，即神聖、崇高的事物。現代社會，為眾人所接受的英雄形象，能維護公眾利益的權威形象，似古時「聖賢」一般，不可拿來做幽默的題材。

▼三、汙穢、粗俗之物不可拿來造幽默

在幽默過程中，應儘量避免不潔和不雅的內容和形式出現。不潔事物主要指的是垃圾、廢物和人與動物的排泄器官、排泄行為和排泄物。不雅主要是指生殖器官以及有關性方面的一些內容，避開這些題材，並非幽默的特殊要求，而是一般社交中應注意的禮貌常識。

▼四、運用幽默語言時不可在倫理輩分上佔便宜

趣味低級的人，往往喜歡找空隙給身邊的同事當一會兒「父親」或是「爺爺」輩之類的。這樣也會鬧得彼此都不開心。

▼五、忌拿別人的傷疤作幽默對象

這其中的道理，只要心理健全、富有同情心的人都會理解這一點。

因此，幽默不可不注意對象的地位和一些背景。掌握了幽默中的禁忌，才能讓人喜愛、處處受歡迎、人際關係才能融洽、和諧。

詼諧的話語能加深感情

有個成語叫「兩情相悅」，所謂「相悅」，顧名思義，就是相愛的兩個人能夠讓彼此開心喜悅，幽默就是一個讓對方開心的好方法。因此，不論單身的朋友還是熱戀中的男女，都應重視幽默在戀愛中的作用。

碩士美女芊芊要結婚了，一向交友廣闊的她，在身邊眾多男子中選擇了文旭作為交換婚戒的對象。得知這個消息後，她的幾個死黨大感詫異，因為王旭並不是她最帥，也不是最有錢的男友。

「為什麼是他？」

芊芊的嘴角向上揚起：「很簡單啊，因為他最能讓我笑！」

那些在女人面前很「吃得開」的男人，不管長相如何，都有一套逗人發笑的本領。只要一與這種人接近，就可以感受到快樂的氣息，使人喜歡與他為友。一個整天板著面孔，不苟言笑的「老古板」，是絕對不會受到女孩子們歡迎的。不少情感心理學研究者認為，男人因為平時比女人話少，所以男人的語言的分量就更被女人所注意。不少男人也正是利用幽默的手段來填補自己語言的匱乏，所以他的魅力便永駐於人們對他的幽默的回味之中。

家庭之中夫妻爭吵是普遍現象，不論是偉人還是普通人莫不如此，怨怒之中如果即興來一兩句幽默，往往能讓形勢急轉而下。人們常說「夫妻沒有隔夜的仇」，更多的時候都是這種豁達的幽默消除了隔閡。

男女朝夕相處，天天鍋碗瓢盆，始終舉案齊眉、相敬如賓反而是一種不正常的現象，有人戲稱之為「冷暴力」。小吵小鬧有時反而會拉近夫妻間的距離，同時也使內心的不滿得以宣洩，如果再佐之以幽默、機智的調侃，無疑使夫妻雙方得到一次心靈的淨化，保證了家庭生活的正常運行，請看下面這幾對夫妻的幽默故事。

開車外出途中，一對夫妻吵了一架，誰都不願意先開口說話。最後丈夫指著遠處農莊中的一頭驢說：「妳跟牠有親屬關係嗎？」妻子答道：「是的，夫妻關係。」

妻子：「每次我唱歌的時候，你為什麼總會到陽臺去？」

丈夫：「我是想讓大家都知道，不是我在打妳。」

新婚之夜，新郎問道：「親愛的，告訴我，在我之前，妳交了幾個男朋友？」沉默。「生氣了？」新郎想。過了片刻又問，「妳還在生氣？」「沒有，我還在數呢！」

結婚多年，丈夫卻時時需要提醒才能記起某些特殊的日子。在結婚三十五周年紀念日早上，坐在桌前吃早餐的妻子暗示：「親愛的，你知道我們每天坐的這兩把椅子已經用了三十五年了嗎？」丈夫放下報紙看著妻子說：「哦，妳想換一把椅子嗎？」

亨利的妻子臨睡前嘮嘮叨叨的談話令他十分不快。一天夜裡，妻子又嘮叨了一陣後，吻別亨利說：「家裡的窗門都關上了嗎？」亨利回答：「親愛的，除了妳的話匣子外，該關的都關了。」

以上五則故事中的夫妻幽默均恰到好處地表達了自己怨而不怒的情緒。有丈夫對妻子缺點的抗議，也有妻子對丈夫多疑的抗議，但其幽默的答辯均不至於使對方惱羞成怒，妻子用夫妻關係回敬丈夫也是一頭驢，用數不完的情人來指責新郎的無端猜忌，丈夫用巧言指責妻子的嘮叨，這幽默的話語聽上去自然天成又詼諧動聽。這些矛盾同樣有可能發生在我們每一個家庭之中，有時卻往往因為兩三句出言不遜的氣話而使其激化。

許多夫妻都有過類似的經歷，無謂的爭吵隨時都會發生，一旦發生又會因憤怒很快失去理智，直至鬧得不可開交、拳腳相加。在日常生活中，我們常看到這種情景，有在公共場合彬彬有禮的謙謙男子或女士，在家人面前同樣為一些小事而大動肝火，有時即使是恩愛夫妻也不可避免，雙方似乎都失去了理智，哪壺不開偏提哪壺，專揭對方的痛處，短處解氣，唇槍舌劍，互不相讓；及至冷靜下來，才發覺爭吵的內容原是那樣愚蠢、無聊。殊不知忍一時風平浪靜，退一步海闊天空，多用幽默少動氣不是一樣也可占盡心理上的優勢嗎？一家之主的男人應該以幽默博大的胸懷包容妻子的一切不滿，這是上帝在亞當夏娃時代便定下的規矩。

在兩個人的世界裡，幽默可以發揮令人意想不到的效果，它可以增進戀人之間的感情，調節氣氛，製造親切感，還可以消除疲勞和緊張感，使兩個人都能夠輕鬆、快樂地面對生活。

用幽默平定別人的怒氣

幽默的語言往往給人以詼諧的情趣，使人在笑意中有所領悟。幽默是緩解緊張、祛除畏懼、平息憤怒的最好方法。

一位嚴肅的議員覺得受到了別人的侮辱，他怒氣衝天，迫不及待地想報復，但一時又找不到什麼方法，結果，他的行為舉止就像小學生一樣幼稚：小學生往往會去找老師告狀，要求老師去懲罰他的敵人，這個議員則是去主席那裡申訴。

這個議員找的是議會的主席柯立芝。這個議員所受的委屈使他相信柯立芝一定會替他主持公道的，但是，柯立芝卻以非常幽默的方式把這件事解決了。

糾紛是這樣引起的。當另一個議員在做一個很漫長的演講時，這個議員覺得對方佔用的時間太長，就走到對方跟前低聲說：「先生，你能不能快點……」話未說完，那個正在演講的議員便回過頭來，用嚴厲的口氣低聲呵斥他道：「你最好出去。」然後仍舊繼續演講。

於是，這個受了委屈的議員走到柯立芝面前說：「柯立芝先生，你聽見某某剛剛對我說的話了嗎？」柯立芝不動聲色地答著，「但是，我已經看過了有關的法律條文，你不必出去。」

這種回答實在是精通幽默之妙，柯立芝明白，世上本無事，庸人自擾之。要是跟這個「受了委屈」的議員認真，就會激發這個議員更大的委屈和憤怒，而不動聲色的幽上一默，輕巧的化解了對方怒氣爆發的衝動，使他人免於陷入「戰火」之中。

機智的人不僅善於以局外人的身分化解他人的爭吵，而且更善於打破在與人交往時因發生矛盾而出現的僵局。

有一天，在擁擠喧鬧的百貨大樓裡，一位女士憤怒地對售貨員說：「幸好我沒有打算在你們這兒找『禮貌』，因為在這兒根本找不到！」

售貨員沉默了一會兒說：「那妳可不可以讓我看看妳的樣品？」

那位女士愣了一下，笑了。售貨員的幽默打破了他們之間的尷尬局面。

售貨員藉幽默的魔力化解了那位女士帶著挑釁意味的抱怨，反客為主，化險為夷。這就是幽默的力量，能用幽默化解自己和對方的怒氣。遇事幽默著點，是一種「化戾氣為祥和」的本領。

人們為瞭解決求學、工作、住房、購物等方面的問題，往往要與人交涉。學會在交往中適時地表現幽默，你的成功機率一定會大大增加。

在把事情弄得很緊張、很嚴重的時候，能從這種白熱化的僵局中看出其中所包含的幽默成分，便可巧妙地避免麻煩和糾紛。如果柯立芝或是那位售貨員對於爭吵也採取認真的態度，那對於大家又有什麼好處呢？無非是更加激化雙方的矛盾。而因為採取了幽默的態度，柯立芝便緩解了那種大傷感情的糾紛，那位售貨員也是巧妙地批評了那位女士的無禮，進而制止了進一步的爭論。

巧用幽默化干戈為玉帛

幽默運用得好，能夠化干戈為玉帛，就拿談判來說，一般人都會認為，談判是很莊重與嚴肅的。其實談判中運用幽默技巧，可以緩和緊張形勢，造成友好和諧的氣氛，也就縮短了雙方的心理距離，鈍化了對立感。談判時具有幽默心理能使你情緒良好，充滿自信，思路清晰，判斷準確。因此，幽默能使你在談判中左右逢源，常常在「山重水複疑無路」一時變得「柳暗花明又一村」。

談判中要使自己進退自如，沒有幽默力量幫助是難以達到預期的效果的。

一九五九年，美國副總統尼克森訪問蘇聯。在此之前，美國國會通過了一項關於被奴役國家的決議。赫魯雪夫在與尼克森的會談中激烈地抨擊了這個決議，並且怒容滿面地嚷道：「這項決議很臭，臭得像馬剛拉的屎，沒什麼東西比這玩意更臭了！」作為國家元首，這樣的場合，這樣的講話有失體面。

尼克森曾認真地看過關於赫魯雪夫的背景資料，得知他年輕時曾當過豬官，於是盯著赫魯雪夫，說：「恐怕主席說錯了。還有一樣東西比馬屎更臭，那就是豬糞。」

談判桌上，赫魯雪夫無所顧忌，出言不遜，好在尼克森幽默詼諧，暗藏機鋒。否則，兩人大吵大嚷，那麼談判就成了市井中的吵架、撒野了。

一九四三年，英國首相邱吉爾與法國總統戴高樂因為對敘利亞問題的意見產生分歧，兩人心存芥蒂。直接原因是戴高樂宣佈逮捕布瓦松總督，而此人正是邱吉爾頗為看重的人物，要解決這一件令雙方都頗為棘手的事，只有依靠卓有成效的會晤了。

邱吉爾的法語講得不是很好，但是戴高樂的英語卻講得很漂亮。這一點，是當時戴高樂的隨員們以及邱吉爾的大使達夫．庫柏早就知道的。這一天，邱吉爾是這樣開場的，他先用法語說道：「女士們先去逛市場，戴高樂與其他的先生跟我去花園聊天。」然後他用足以讓人聽清的聲音對達夫．庫柏說了幾句英語：「我用法語應付得不錯吧，是不是？既然戴高樂將軍英語說得那麼好，他完全可以理解我的法語的。」語音未落，戴高樂及眾人聽後哄堂大笑，邱吉爾的這番幽默消除了緊張，建立了良好的會談氣氛，使談判在和諧信任中進行。

人與人間思想不同是必然的現象，因為我們每個人都頂著不同腦袋，但是當意見相左的時候要會用技巧，使得氣氛不至於弄僵，也避免讓雙方的對話進入死胡同，變成意氣用事。運用幽默就是一種很好的化干戈為玉帛的方寸。

借題發揮的幽默說話方式

借題發揮法，顧名思義，就是借現場的人、事、物甚至對方的語言為題，加以發揮、闡述，詮釋出全新的思想來，進而製造幽默。例如：

德國科學家亞歷山大．漢保爾特訪問美國總統傑弗遜的時候，看見他書房裡的一張報紙，上面刊載了對他攻擊辱罵的言論。

「為什麼讓這種誹謗言論在報上發表呢？」漢保爾特拿起那張報紙說道，「這家膽大妄為的報社為什麼不查禁？或者對該報的編輯加以罰款？」

「把報紙放進你的口袋裡吧，先生，」傑弗遜笑嘻嘻地回答說，「萬一有人懷疑我們是否有新聞自由，你可以把這張報紙給人們看看，並且告訴他們你是在什麼地方找到它的。」

傑弗遜接過對方的話題，把它與「新聞自由」聯繫起來，令人拍案叫絕。借題發揮常能讓人巧妙地達到自己的目的，尤其在某些場合，它比直言其事更顯得委婉曲折。

借題發揮是指巧妙地借助別人的某一話題，引申發揮，出人意料地表達自己的某種思想。在日常生活中，有些場合，有的話不宜直截了當地說，這時巧用借題發揮，會起到意想不到的效果。

有一次，阿凡提罹患眼病，看不清東西。國王卻偏叫他來看這個、看那個，還取笑他說：「你不論看什麼，都把一件東西看成兩件是嗎？你本來窮得只有一條毛驢，現在可有兩條了，有錢了，哈哈！」

「真是這樣，陛下！」阿凡提說，「比如我現在看你就有四條腿，跟我的毛驢一模一樣呢！」阿凡提的話把國王氣得乾瞪眼，卻無話可說。

又有一次，國王和大臣帶著阿凡提外出打獵。炎熱的天氣，國王和大臣的衣衫都濕透了，於是他們脫下衣衫並搭在阿凡提的肩上。

阿凡提本來就夠熱了，再加上國王和大臣的衣衫，更是汗流如雨。國王見阿凡提熱得滿頭大汗，便故意戲弄他說：「阿凡提，你真不簡單，能馱一頭驢馱的東西。」

阿凡提聽了很生氣，但卻平靜地說：「不，我肩上馱的是兩頭驢的東西。」

阿凡提兩次對國王的回答，都是從國王的話題引申發揮，達到了諷刺國王的效果，從中可以看出阿凡提的智慧。所以借題發揮能讓壞事變成好事，讓平淡生出幽默。

反向求因幽默法

在生活中有某種常態，在思維中有某種常理，人們的聯想都為這種習慣了的常態和常理反覆訓練達到自動化的程度，以致一個結果出來，便會自動地聯想到通常的原因。反向求因，顧名思義就是不按常理出牌。這種幽默感要求在推理過程中善於鑽空子，特別是往反面去鑽空子，我們把它叫做反向求因法。

反向求因法的特點，就是把一個極其微小的可能性當成現實，雖不能最後取消對方提出的另一種更大的可能性，但這種類型的方法更具有喜劇性，是另一種完全否定了原來因果關係的幽默方法。

一位叫約翰的病人問醫生：「我能活到九十歲嗎？」

醫生檢查了一下約翰的身體後，問道：「你今年幾歲了？」

病人說：「四十歲。」

「你有什麼嗜好嗎？比如說，喜歡飲酒、抽菸、賭錢、女人，或者其他的嗜好？」

「我最恨抽菸、喝酒，更討厭女人。」

「天哪，那你還要活到九十歲幹什麼？」

當然，醫生並不是真的鼓勵病人去擁有飲酒、抽菸、賭錢等不良嗜好。在這裡，醫生的反問就是用了反向求因的方法：病人一心想著活的長久，而醫生卻用幽默的方式告訴他，生命的意義在於寬度而不是長度。

有一次，肖伯納收到英國著名女舞蹈家鄧肯一封熱情洋溢的信。信中說，如果他倆結婚，生個孩子，那對後代將是好事，「孩子有你那樣的腦袋和我這樣的身體，那將會多美妙啊！」

在回信中，肖伯納表示受寵若驚，但他不能接受這樣的好意。他說：「那個孩子的運氣可能不是那麼好，如果他有我這樣的身體和妳那樣的腦袋，那可就糟透了。」

肖伯納用的方法就是反向的求因法，他是向反面鑽空子，在這裡，肖伯納的幽默的特點是把自我調侃（長得不好看）和諷喻他人（腦袋不聰明）巧妙地結合在一起了。反向求因幽默術在人際交往中很有實用價值，它能讓你在情況極端變幻的情況下，找到有利於自己的理由，哪怕互相對立的理由，也都能為己所用。

馬克．吐溫有一次在回答記者提問時說：「美國國會中有些成員是婊子養的。」國會成員們都大為震怒，紛紛要求馬克．吐溫澄清或道歉，否則便要訴諸法律。

幾天以後，馬克．吐溫的道歉聲明果然登出來了：

「日前，本人在酒席上說有些國會議員是婊子養的。事後有人向我大興問罪之師，經我再三考慮，深悔此言不妥，故特登報聲明，把我的話修正如下：『美國國會中有些議員不是婊子養的。』」

表面上是馬克．吐溫作了一百八十度的大轉彎，但實際上是他作了一個概念遊戲，「有些是」就意味著有些不是，而「有些不是」就意味著有些是。在形式上是從肯定到否定，而實際上是否定暗示著肯定。

對於某些不守規矩的人，盡可以使用這種顛倒法，讓他受到一定教訓。這種方法的好處並非重新另找一個相反的因果，而是由本身演繹出相反的因果線索來。也就是在推理過程中往反面去鑽空子，抓住對方話語邏輯中的「漏洞」，以類似於反諷的方式，收到強烈的表達效果。

反常規的類比幽默

類比幽默法是指把兩種或兩種以上互不相干甚至是完全相反的、彼此之間沒有歷史的或約定俗成的聯繫的事物放在一起對照比較，顯得不倫不類，以揭示其差異之處，即不協調因素。

在類比幽默中，對比雙方的差異越明顯，對比的時機和媒介選擇越恰當，所造成的不協調程度就越強烈，對方對類比雙方差異性的領會就越深刻，所造成的幽默意境也就越耐人尋味。

人們的日常生活和科學研究一樣，凡分類都是約定俗成得用同一標準，否則必然造成概念的混亂，導致思維無法深入進行。人們從小就訓練掌握這種最起碼的思維技巧。如：「豬、牛、羊、桃」就不能並列在一起，人們會把「桃」刪去，這是科學道理但並不幽默。

在類比分類時要產生幽默的趣味，恰好要破壞這種科學的邏輯規律，對事物加以不倫不類的並列。類比幽默術就像個反常規的壞孩子，它是借著一絲靈氣，將事物不倫不類地加以歸類。因其具有簡便的特徵，常為人們所使用。

星期六，一位年輕人照例進城賣雞蛋。他問城裡常打交道的中盤商：「今天雞蛋你們給多少錢一顆？」

中盤商簡單地回答：「兩美分。」

「一個才兩美分！這價格真是太低了！」

「是啊，我們中盤商昨天開了個會，決定一顆雞蛋的價格不能高於兩美分。」年輕人搖搖頭很無奈，但也只好將蛋給賣掉，回去了。

第二個星期六，這個年輕人照例進城了，見的還是上次那個中盤商。中盤商看了看雞蛋，說：「這個星期你的雞蛋太小了。」

「是啊，」年輕人說：「我們的母雞昨天開了一個大會，牠們做出決定，因為兩美分實在太少，所以不能使勁下大蛋了。」

一個是「人會」，一個是「雞會」，並列一比，絕妙橫生。類比幽默的幽默感是「比」出來的，其情趣也是「比」出來的。這樣就有利於對方心理接受。

類比幽默是把風馬牛不相及的一些概念，或彼此之間沒有歷史的或約定俗成的聯繫的事物放在一起對照比較，顯得不倫不類，以揭示其差異之處，即不協調因素。它能使人在會心的微笑或難堪的境況中，開啟心智受到教育。

人們都清楚，微妙的男女關係裡，有不少玄妙的心理因素支配著，要是你能巧妙地掌握和運用這些因素為自己服務，你將戰無不勝！例如男人有保護、支配女人的願望，同時對於容易獲得的常漠然視之，而對不易到手的卻有著憧憬的傾向。巧妙控制這一心理，用實用效果極佳的類比幽默術是再好不過的了。

女朋友：「我得告訴你，今天我接吻了五次。」

男朋友：「什麼？妳說妳今天是第五次接吻了？」

女朋友：「是！」

男朋友：「還有四個，是誰？」

女朋友（故意停頓一下）：「蘋果、橘子、薔薇、姐姐的孩子。」

這裡的幽默之趣就出在那不相稱的排列上，一時把男朋友的心搞得七上八下，會讓他永遠記住這一次的吻。

操作類比幽默術時，要注意將智慧和超脫精神結合起來，因為你的智慧能幫你選擇多種的類比物件，而你的超脫精神則能保證你不受一些不合理或常規思想的束縛。當你使用幽默術時，不妨參考一下先輩前人在這方面所留下的經典範例，從中你可以得到不少經驗。

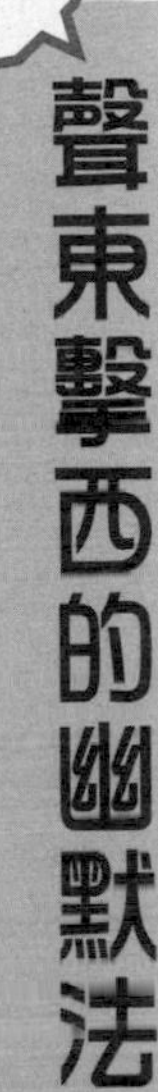

聲東擊西的幽默法

所謂聲東擊西，兵法原文是這樣寫的：「凡戰，所謂聲者，張虛聲也。聲東擊西，聲彼而擊此，使敵人不知其所備。則我所攻者，乃敵人所不守也。」它的意思是：凡是作戰，所謂聲，就是虛張聲勢。在東邊造聲勢而襲擊的目標是西面，聲在彼處而襲擊此處，讓敵人不知道如何來防備。這樣我所攻擊的地方，正是敵人沒有防備的地方。

聲東擊西法，是更加含蓄迂迴的幽默技巧。目標向東而先向西，欲要進擊先後退。在利用幽默的語言來回擊或反駁一些錯誤觀點或做法的時候，這種技巧的運用特別有力。

有一個人去做客，見主人招待他沒有菜肴，便跟主人要來副眼鏡，說視力不好，戴上眼鏡後，大謝主人，稱讚主人太破費，弄這麼多菜，主人道：「沒什麼菜呀？怎麼說太破費？」客曰：「滿桌都是，為何還說沒有？」主人曰：「菜在哪裡？」客指盤內曰：「這不是菜，難道是肉不成？」

此則笑話一波三折，客人嘲諷主人，手段高明，令人叫絕。話說出了口，又能置身事外。聲東擊西法要取得好的效果，取決於聽眾的靜心默思，反覆品味。因為這種幽默技巧的特點是：你想表達的思想不是直接表達出來，而是以迂為直，被埋藏在所說出來的後面。聽眾在聽完話之後，必須有個回味的時間，才能體會出個中的奧祕，產生幽默風趣的情緒。

「請問去警察局的路怎麼走？」一個行人停步問路人。

「這很簡單，用石頭把對面商店的櫥窗給砸爛，幾分鐘後你就到了。」

路人似乎是答非所問，他沒有具體回答去警察局的路線，卻提示了去警察局署的一種可行的辦法：你只要製造事端，自然有人送你去警察局。這就是聲東擊西法的幽默。

聲東擊西法在不少場合都可以見到：明是說罪，暗裡擺功；明是說愚，暗裡表忠；明說張三，實指李四；欲東而西，欲是而非；敲山震虎，指桑罵槐，含沙射影，等等，都屬於這一類。當然，在日常的生活中，這種聲東擊西法的幽默技巧也可以詼諧地加以運用，以產生強烈的幽默效果。

指桑罵槐也是聲東擊西幽默法的一種，也就是明罵桑而實罵槐，運用此法既可達到己方目的，又不授人以柄，避免了正面衝突。此法的技巧主要表現在應對語的選擇上，要讓「槐」聽明白是罵「槐」，但又抓不住把柄，叫對方「啞巴吃黃連，有苦說不出」。

魏晉時，謝石打算隱居山林，奈何父命難違，不得已在醒公手下做司馬。一次，有人送醒公草藥，其中有一味名叫遠志。醒公問謝石：「這藥又叫做小草，為什麼同是一物而有兩個名稱？」

謝石一時答不上來，郝隆當時在座，應聲說道：「這很好解釋，隱於山林的就叫遠志，出山就叫小草了。」

謝石聽到此處，滿臉愧色。

魏晉時人們崇尚回歸自然，並不以官宦為榮，隱居山林，過閒雲野鶴似的生活是非常時髦的舉動。郝隆這裡正是指桑罵槐，表面上解釋是草藥的名稱，實質上是嘲諷謝石，而謝石即使想反攻也無從下手。

指著槐樹罵槐樹，不可能幽默；指著桑樹而實際上罵了槐樹，才有可能幽默。指桑罵槐法就是利用特殊的語言環境，把詞語的針對性轉向談話對方，進而產生幽默的效果。人類的語言非常奇妙，它的功能變化萬千。同樣一個詞語，只要換一種語言環境，意思和味道就很不一樣了。懂得這其中的門道，就能利用這種語言的靈活性來開拓他的幽默途徑。

活學活用式的幽默技巧

人的一生，都是在不停地學習。這個學習包括兩個方面，第一種是學習文化知識，如學生們每天坐在教室裡聽老師講課；另一種則是在實踐中學習，學習各種技術技巧。學習的效果也可以分成兩種，一種是潛移默化式的，另一種就是立竿見影式的——我們把這叫做活學活用。幽默技巧中也有一種方式叫做活學活用式的幽默。

活學活用式的幽默是指在學習別人的做法時，立刻理解並掌握別人的方法，然後將這種方法運用到自己的實踐中來，當時學習馬上應用。

一次，小王向鄰居借了一筆錢，借錢的時候，說好一個月後歸還。一個月後，鄰居向他要錢，他故作驚訝地說：「我沒有借你的錢呀！」鄰居看了看他說：「你忘了嗎？上個月的時候，你向我借的。」

小王故作驚訝地說：「對，的確上個月我借了你的錢，但是你應該知道，哲學上講『一切皆流，一切皆變』。現在的我已不是上個月向你借錢的我了，你怎麼叫現在的我為過去的我還錢呢？」

鄰居氣得一時無言以對，他回到家裡，想了一會兒，拿了一根木棍，跑到小王家裡狠狠地把小王痛打了一頓。小王抱著頭唉唉叫道：「你打我！我會到法庭去告你，等著瞧吧！」鄰居放下木棍，笑嘻嘻地對小王說：「你去告啊，你剛才不是說『一切皆流，一切皆變』嗎？現在的我，早已不是剛才打你的我了，你確實要去告，就告那個剛才打你的那個我吧。」小王聽了無話可說，被飽打一頓也只好自認倒楣了。

活學活用式的幽默同別的幽默技巧，如以謬還謬，仿造仿擬式的幽默有共通相似的地方，也有不同的地方。活學活用式的幽默關鍵的地方是要儘快學習掌握對方的方式方法，深刻地理解對方的意圖。然後就是馬上學以致用，將學到的方式方法儘快投入使用。

一個吝嗇的老闆叫僕人去買酒，卻沒有給他錢，僕人問：「先生，沒有錢怎麼買酒？」

老闆說：「用錢去買酒，這是誰都能辦到的，如果不花錢買酒。那才是有能耐的人。」

一會兒，僕人提著空瓶回來了。老闆十分惱火，責罵道：「你要我喝什麼？」

僕人不慌不忙地回答：「從有酒的瓶裡喝到酒，這是誰都能辦到的。如果能從空瓶裡喝到酒，那才是真正有能耐的人。」

不花錢買酒與空瓶裡喝酒一類比，其內在就出現了針鋒相對的矛盾，諧趣頓生。僕人「現炒現賣」的學習靈性，表現了僕人的智慧。

在使用這類幽默技巧過程中，要注意應巧妙地置換條件，否則按照正常的方式去理解，就沒有幽默可講了。幽默的力量，只有突破常規才能顯示出來。

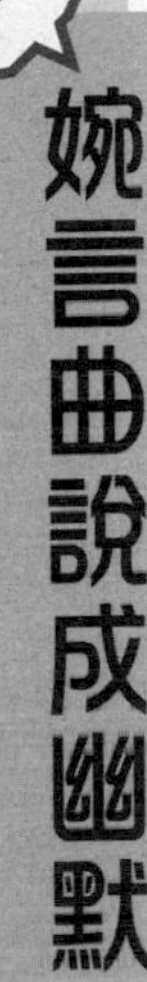

婉言曲說成幽默

有些事直接發表自己的見解不太合適，容易讓人誤解或不愉快，婉言曲說是很好的方法，而且這種婉言曲說不同於修辭格裡的委婉修辭方法，它是形成幽默的一種語言藝術。

王麻子是個極愛占小便宜的人，常常在別人家白吃白喝，吃完了上頓等下頓，住了兩天住三天。一次，他在一朋友家裡吃了三天後，問主人道：「今天弄什麼好吃的呀？」主人想了想，說：「今天我們弄麻雀肉吃吧！」

「哪來那麼多麻雀肉呢？」

主人說：「先撒些稻穀在曬場上，趁麻雀來吃時，就用牛拉上石磨一碾，不就得了嗎？」這個愛佔便宜的人連連搖手說：「這個辦法不行，還不等石磨過來，麻雀早就飛跑了。」

主人一語雙關地說：「麻雀是占慣了便宜的，只要有了好吃的，怎麼碾（攆）也碾（攆）不走。」

主人要想拒絕王麻子的白吃白喝，但他不直接說出來。相反，他借用諧音曲折地表達了自己對王麻子的不滿，儘量不得罪人也不傷害朋友之間的情誼。

現在我們談論的「婉言曲說」的幽默法，可以說是「婉曲」的變格，它是說話人故意把所要表達的本意繞個圈子曲折地說出來，利用婉言來獲得幽默效果。

克諾先生來到一個陌生的城市，走進一家小旅館，他想在那兒過夜。

「一個房間加供應早餐要多少錢？」他問旅館老闆。

「多種不同房間有多種不同的價格，二樓房間十五馬克一天，三樓房間十二馬克一天，四樓十馬克，五樓只要七馬克。」

克諾先生考慮了幾分鐘，然後提起箱子轉身就走。

「您覺得價格太高了嗎？」老闆問。

「不，」克諾回答，「是您的房子還不夠高。」

很顯然，克諾先生離開小旅館是覺得小旅館的價格不太合適，但他用這樣委婉的表達方式，既達到自己拒絕他人的目的，又消除由於拒絕給對方帶來的不快。

一般說來，幽默應避免敵意和衝突，否則，幽默就會被減弱或者消亡。從這個意義上講，婉言曲說最適合構成幽默。

一個法國出版商想得到著名作家的讚揚，藉以抬高自己的身價。他想，要得到一個大人物的好感，必須先讚揚讚揚他。

這天，他去拜訪這位知名作家。他看到作家的書桌上，正攤著一篇評論巴爾扎克小說的文章，便說：「啊，先生，您又在評論巴爾扎克了。的確，多少年來真正懂得巴爾扎克作品的人太少了，算來算去，也只有兩個。」

作家一聽就明白了出版商的意圖，便讓他繼續說下去。「這兩個人，其中一個是您了。可是還有一個呢？您說，他應當是誰？」

作家說：「那當然是巴爾扎克自己了。」

出版商頓時像洩了氣的氣球，悻悻地走了。

出版商想求得知名作家的讚揚，故意登門拜訪。作家呢，不好直接拒絕，就來了個婉言曲說。出版商把世間懂巴爾扎克作品的人定調為兩個，一個，他自然要送給作家了；另一個，他是給自己預備的。但自己說出來那太沒涵養，況且自己認可的東西並不一定能得到作家的贊同，還是引導作家說出來吧。由此，出版商一直沿著自己的設計和思路，準備著一種情感──他期待著作家的讚揚，讓作家指出他是懂巴爾扎克作品的人。

作家並不回絕對方的話，因為那太掃人興了。但是他有意漠視對方的「話外音」，一句答話讓對方的期待栽了個大跟頭，作家回答的是，另一個懂巴爾扎克的人是巴爾扎克自己。於是雙方沒戲唱了，只好散場。

凡有大成就者，向來都是舌吐方圓的專家，他們不僅僅專長於自己的一份事業，而且在待人接物上有著獨到的迂迴之術，他們能夠在讓人發笑的過程中不知不覺表達了自己的觀點。著名的法國鋼琴家烏爾蒙，年輕時的一天，他彈奏拉威爾的名曲《悼念公主的孔雀舞曲》，節奏太慢，正在聽他彈奏的拉威爾忍不住地對他說：「孩子，你要注意，死的是公主，不是孔雀。」

在這裡，拉威爾將公主與孔雀這兩種原來互不相干的事物，出人意料地聯繫起來，使人們產生驚奇，並在笑聲中意會到拉威爾話語的真正含義。

拉威爾對烏爾蒙的演奏「節奏太慢」，並不是採取直接批評的方式，而是採用婉轉的暗示：「死的是公主，不是孔雀。」這樣，使演奏者首先得回味一下，拉威爾的話到底是什麼意思？弄清楚了，便意識到自己處理作品中的失誤。應該加快速度，快到什麼程度呢？拉威爾的話給了提示，是孔雀舞曲。演奏者的腦海中定會浮現出美麗的孔雀翩翩起舞的英姿。拉威爾的旁敲側擊，使烏爾蒙明白了自己的毛病所在。

幽默是一種高超的語言藝術，這種藝術是在婉言曲說中產生的。說話直愣的人不可能創造出幽默來。想要幽默，就要儘量避免按部就班，必須舉一反三有所發揮，才能碰撞出幽默的火花。

返還幽默法，讓對方自食其果

返還幽默法是指按照對方的邏輯去理解或推論，由此及彼，物歸原主，使其搬起石頭砸自己的腳，自食其果。要善於抓住對方一句話、一個比喻、一個結論，然後把它接過來去針對對方，即把對方給自己的荒謬語言或行為及不願接受的結論，經邏輯演繹後還給他，以其人之道，還治其人之身。返還幽默法一般是對方攻擊有多少分量，就以同等的分量還擊，軟對軟，硬對硬。

有個頑童見到一位老人騎著一頭毛驢由城外進來，便存心想調皮搗蛋一番。這頑童在老人騎驢朝著他過來的時候，忽然大聲說：「喂！你要不要吃糖？」老人見這孩子挺有愛心的，於是高興地回答：「小夥子，謝謝你，我不吃糖。」沒想到這小子竟然說：「我又不是對你講，我是對你的驢講的！」路人聽到了都哈哈大笑。

原本以為老人會因為沒面子而大怒，沒想到他一愣，隨即舉起手拍了一下驢頭說：「你這壞傢伙，剛才我問你有沒有朋友，你還撒謊說沒有，壞蛋！」他又打了驢子一下，在路人嘲諷那小子的笑聲中，洋洋得意地走了。

在社交場合，有時會遇到別人有意無意搶白你，奚落、挖苦、譏諷你，你該怎麼辦？有隨機應變能力的人，能調動自己的智慧，善用幽默口才的力量化被動為主動，使尷尬在幽默的掩蓋中煙消雲散，令他人的諷刺利劍瞬間就被幽默的溫度熔化掉。

學會幽默的重要不僅僅是為了愉悅他人，更是為了保護自己，要懂得「順藤摸瓜」、「借竿上樹」。當自己的尊嚴受到威脅的時候，要給予回擊。人格，是一個人存在的精神支柱，對於侵犯自己人格尊嚴的言語，要以幽默反擊。

一位闊太太牽著哈巴狗上街，見到衣衫破爛的二毛，想拿他開心取樂，便對他說：「你只要對我的狗喊一聲爸，我就賞給你一塊大洋。」二毛眼珠一轉，笑著說道：「喊一聲給一塊，要是喊十聲呢？」「那當然給十塊了。」闊太太不假思索地答道。

二毛躬下身去，順著狗毛輕輕撫摸，煞有介事地喊了聲：「爸！」闊太太哈哈地笑了一陣子，隨手給了二毛一塊大洋。二毛連喊十聲，闊太太很爽快地賞了二毛十塊大洋。這時，周圍擠滿了看熱鬧的人。二毛傻笑著向闊太太點了點頭，故意提高了嗓音，長長地喊了一聲：「謝謝，媽——」圍觀的人大笑不止。闊太太面紅耳赤，目瞪口呆，半晌方才醒過味來。

故事中的二毛就是使用了「返還式」幽默方法，幽默地回敬了闊太太的侮辱。在這裡，即興的幽默口才不是賣弄、不是為了刻意傷害他人，而是起到了人身的自衛作用。

人際交往中，有時會遇到難以解答的提問，出乎意料的申斥，氣勢洶洶的責難，蓄意的諷刺、挖苦……這時，你非常想找一句巧妙的幽默話來使自己擺脫尷尬。恰當的幽默表達形式和高超的語言藝術常常能使緊張的氣氛變得輕鬆，使窘迫的場面變得自如，使危急的形勢得到緩和，把被動變為主動。對付那些耍賴之人最有成效，往往能使對方的無理取鬧不攻自破，使對方作繭自縛。

一位懶漢去朋友家作客。早晨起床後，自己不但不收拾床鋪，朋友替他疊被時，他還振振有詞地說：「反正晚上要睡，現在何必去疊！」飯後，懶漢將碗筷一推，一動不動地坐在沙發上閉目養神。朋友又得收拾桌子，又得洗刷碗具，懶漢說：「反正下頓還要吃，現在何必洗呢？」

到了晚上，朋友勸他把腳洗一洗，這樣既講衛生，又有益於健康。懶漢又耍懶，反駁說：「反正還要髒，現在何必洗呢？」於是，朋友打算懲治他一下。

第二天，吃飯的時候，朋友只顧自己，對懶漢不管不顧。懶漢來到飯桌旁，見沒有自己的碗筷，便嚷道：「我的飯呢？」朋友問道：「反正吃了還會餓，你又何必去吃呢？」睡覺的時候，朋友也同樣只顧自己，不理懶漢，懶漢見狀，焦急地問道：「我睡哪兒？」朋友反駁道：「反正遲早要醒，你又何必要睡？」懶漢急了，叫道：「不吃，不睡，不是要我死嗎？」朋友泰然答道：「是啊，反正總是要死，你又何必活著？」問得懶漢啞口無言。

朋友緊緊抓住了懶漢的荒謬邏輯，以其人之道還治其人之身，使得懶漢無話可說。在使用「返還式」幽默術時，關鍵在於抓住對方的語言邏輯，然後以此為基點，推出荒唐的結論，令對方的詰難不攻自破。

俗話說：「防人之心不可無，害人之心不可有。」練就隨機應變的幽默語言表達功力很重要，以牙還牙，用幽默回擊他人諷刺，但切不可主動進攻、出口傷人。此外，幽默防衛仍要注意有禮貌，真正的幽默就是涵養的外化體現。用幽默口才抵擋成功路上遇到的各種意外與突發狀況，讓自己盡可能在人際交往中心想事成。

第七章

如何說話使求人辦事變容易

怎樣開口提要求

俗話說：「萬事開頭難。」向別人提要求，通常都很難開口。不僅是你，對方也會感到有一定的麻煩存在。所以，良好的語言技巧非常必要。彬彬有禮的語言是最好的敲門磚，講究分寸就會讓人難以拒絕。

下面透過一些實例，一一的教你這些具體用法：

▼一、間接請求

透過間接的表達方式（例如，使用能願動詞、疑問句等）以商量的口氣把有關請求提出來，會顯得比較婉轉一些，也比較容易讓人接受。例如：

「你能否儘快替我把這事處理一下？」（比較：「儘快替我把這事處理一下！」）

透過比較，我們不難看出，間接的表達方式要比直接的表達方式來得有禮貌，因而更容易得到對方的幫助或認可。

▼二、藉機請求

借助插入語、附加問句、程度副詞、狀語從句及有關句型等來減輕話語的壓力，避免唐突，充分維護對方的面子。例如：

「不知你可不可以把這封信帶給他？」（比較：「把這封信帶給他！」）

我們可以發現，語言中有很多緩衝詞語，只要使用得當，就會大大緩和說話的語氣。

▼三、激將請求

激將請求的奇特之處就在於求人者從某種意義上貶低了被求者的能力，這樣比較容易激發被求者的熱情，也給對方和自己留下充分的退路。例如：

「如果你真的怕他，我就不麻煩你去處理了。」請別人幫忙或者向別人提出建議時，如果在話語中表示人家可能不具備有相關條件或意願，就不會強人所難，自己也顯得很有分寸。

▼四、縮小請求

儘量把自己的要求說得很小，以便對方順利接受，滿足自己的願望和要求。例如：

「你幫我解決這件事就可以了，其餘的我自己想辦法。」我們確實經常發現，人們在提出某些請求時往往會把大事說小，這並不是變著法兒使喚人，而是適當減輕給別人帶來的心理壓力，同時也使自己便於啟齒。

▼五、謙恭請求

透過抬高對方、貶低自己的方法把有關請求等表達出來，顯得彬彬有禮、十分恭敬。例如：

「您老就不要推辭了，弟子們都在恭候呢！」請求別人幫助，最傳統有效的做法是儘量表示虔敬，使人家感到備受尊重，樂於從命。

▼六、自責請求

首先講明自己知道不該提出某個請求，然後說明為實情所迫不得不講出來，令人感到實出無奈。例如：

「真不該在這個時候打攪您，但是實在沒有辦法，只好麻煩您一下。」求人的過程中，要知道在某些時候和場合打攪別人是不合適、不禮貌的，但有時又不得不麻煩人家，這就應該表示出你知道不妥，但想求得人家諒解，以免顯得冒失。

▼七、體諒請求

首先說明自己瞭解並體諒對方的心情，再把自己的要求或想法表達出來。例如：

「我知道你手頭也不寬裕，不過實在想不出辦法，只好先向你借一千塊錢。」求人的重要原則就是充分體諒別人，這不僅要在行動上表現出來，而且要在言語當中表示出來。

▼八、遲疑請求

首先講明自己本不情願打擾對方，然後再把有關要求等講出來，以緩和講話語氣。例如：

「這件事我實在不想多提，但因為你一直忘了替我處理。」在提出要求時，如果在話語中表示出自己本不願意說，這樣就會顯得自己比較有涵養。

▼九、述因請求

在提出請求時把具體原因講出來，使對方感到很有道理，應該給予幫助。例如：「隔行如隔山，我一點兒也不知道人家那邊的規矩。你是內行人，就麻煩你替我處理吧！」在提出請求時，如果把有關理由講清楚，就會顯得合乎情理，令人欣然接受。

透過以上九種方法，就可以確保自己提出的要求能被盡可能的滿足，當然在運用時也要隨時注意「對號入座」，看自己的要求最適合以哪種方法提出，這樣才會事半功倍。

求人必備的幾種語言技巧

在求人辦事時，你會發現，同樣的請求內容，不同的人，用不同的方法和語言表達出來，得到的結果常常是不一樣的。那麼，怎樣才能使被求者樂意答應自己的請求呢？掌握幾種求人的語言技巧是非常有必要的。

下面介紹幾種運用求人語言的具體技巧，也許有助於你的請求得到最理想的答覆。

▼一、以情動人

這一般用於比較大的或較為重要的事情上。把對人的請求融入動情的敘述中，或申述自己的處境，以表示求助於人是不得已之舉；或充分闡明自己所請求之事並非與被請求者無關，以使對方不忍無動於衷、袖手旁觀。

▼二、先「捧」後求

所謂「捧」在這裡是指對所求的人的恰到好處、實事求是的稱讚，並不包括那種漫無邊際、肉麻的吹捧。任何人都不會拒絕別人的讚美，所以求人時說點對方樂意聽的話，也不失為求人的好辦法。

▼三、「互利」承諾

「天底下沒有白吃的午餐」，求人時也要注意互利原則。在求人時不忘表示願意給予對方某種回報，或將牢記對方所提供的好處，即使不能馬上回報對方，也一定會在對方用得著自己的時候鼎力相助。配以「互利」的承諾，讓對方覺得他的付出很值得，同時也會對求助者多一分好感。

▼四、尋找「過渡」

倘若向特別要好和熟悉的人求助，可以直截了當、隨便一點。但有時求助於關係一般的人、陌生人或社會地位較高的人時，則常常需要一個「導入」的過程。這個導入過程可長可短，需視情況而定。

除此之外，還要儘量防止自己的話無意間冒犯了對方。所以，在有求於人時應事先對對方有所瞭解，以避免無意間傷害了對方。

看對方是什麼人再說話

求人辦事，求的是人，所以事先一定要瞭解對方是什麼樣的人。可以先收集資料，再因人而異，運用恰當的技巧，對症下藥。千萬不可意氣用事，一言不合，怒髮衝冠，引起被求者的反感，這絕不是解決問題的正確方法。《三國演義》中有這樣一個例子：

「馬超率兵攻打葭萌關的時候，諸葛亮對劉備說：『只有張飛、趙雲二位將軍，方可對敵馬超。』這時，張飛聽說馬超前來攻關，主動請求出戰。

諸葛亮佯裝沒聽見，對劉備說：『馬超智勇雙全，無人可敵，除非前往荊州喚雲長來，方能對敵。』

張飛說：『軍師為什麼如此小看我？我曾單獨對抗曹操百萬大軍，難道還怕馬超這個匹夫？』

諸葛亮說：『你在當陽拒水橋，是因為曹操不知道虛實，若知虛實，你怎能安然無事？馬超英勇無比，天下的人都知道，他渭橋六戰，把曹操殺得割鬚棄袍，差一點喪命，絕非等閒之輩，就是雲長來也未必戰勝他。』

張飛說：『我今天就去，如戰勝不了馬超，甘當軍令！』

諸葛亮眼看『激將法』起了作用，便順水推舟的說：『既然你肯立軍令狀，便可以為先鋒！』」

在《三國演義》中，諸葛亮針對張飛脾氣暴躁的性格，常常採用「激將法」來說服他。每當遇到重要戰事，先說他擔當不了此任，或說怕他貪杯酒後誤事，激他立下軍令狀，增強他的責任感和緊迫感，激發他的鬥志和勇氣，清除輕敵的思想。

求別人辦事的時候，倘若能夠瞭解對方是屬於哪種類型的人，說起話來就比較容易了。現列舉六種類型的人以供參考：

▼一、死板的人

這種類型的人比較木訥，就算你很客氣的和他打招呼、寒暄，他也不會作出你所預期的反應來。他通常不會注意你在說些什麼，甚至你會懷疑他是否聽見你在說話。

求這種人的時候，剛開始多多少少會感覺不安，但這實在也是沒辦法的事。舉個例子，當你遇到某先生時，直覺馬上告訴你：「這是一個死板的人。」此人體格健壯，說話帶有家鄉口音，至於他是怎樣的一個人，你卻不太清楚。除了從他的表情中可以察覺出些許緊張之外，其他的，一點也看不出來。遇到這種情況，你就要花些工夫注意他的一舉一動，從他的言行中尋找出他所真正關心的事來。你可以較輕鬆的態度和他閒聊一些中性話題，只要能夠使他回答或產生一些反應，那麼事情也就好辦了，接下去，你要好好利用此類話題，讓他充分表達自己的意見。每一個人都有他感興趣、關心的事，只要你稍一觸及，他就會滔滔不絕的說，此乃人之常情。

▼二、傲慢無禮的人

有些人自視清高、目中無人，時常表現出一副「唯我獨尊」的樣子。像這種舉止無禮、態度傲慢的人，實在讓人看了生氣，是最不受歡迎的類型。但是，當你有事需要求他幫忙的時候，你應該如何去應對呢？

某企業的一位副科長，說話雖然客氣，眼神裡卻流露出些許傲慢，並且不帶一絲笑意，這種人實在是非常不好對付的人，讓人一見到他，就感覺有「威脅」存在。

對付這種類型的人，說話應該簡潔有力才行，最好少和他囉唆，所謂「多說無益」正是如此。因此，你要儘量小心，以免掉進他的圈套裡。不要認為對方「客氣」，你也禮尚往來的待他，其實，他多半是缺乏真心誠意的。你最好在不得罪對方的情況下，言辭盡可能「簡潔有力」。當然，每個人都有自己的立場和苦衷，這位副科長可能自覺「懷才不遇」或怨恨自己運氣不好，無法早日出頭；又由於其在社會上打拼甚久，城府頗深，所以儘管不受上司眷顧，也會在「保衛自己」的情況下，與人客氣寒暄。因此，我們只要同情他，而不必理會他的傲慢，儘量簡單扼要的說話就行了。

▼三、深藏不露的人

我們周圍有許多深藏不露的人，他們不肯輕易讓人瞭解其心思，或讓人知道他們在想些什麼。有時甚至說話不著邊際，一談到正題就「顧左右而言他」，自我防範心理極強。求這樣的人幫忙更是難上加難，往往搞得人們無所適從。當你遇到這麼一個深藏不露的人時，你只有把自己預先準備好了的資料拿給他看，讓他根據你所提供的資料作出最後決斷。

人們多半不願將自己的弱點暴露出來，即使在你要求他作出回答或進行判斷時，他也故意裝傻，或者故意言不及義的閃爍其詞，使你有一種「高深莫測」的感覺。其實這只是對方偽裝自己的手段罷了。

▼四、草率決斷的人

這種類型的人，乍看好像反應很快，你求他時，他甚至還沒聽明白你到底要幹什麼的時候，就忽然作出決斷，給人「迅雷不及掩耳」的感覺。由於這種人多半是性子太急了，因此有的時候為了表現自己的「果斷」，就會顯得隨便而草率。

倘若你遇見這種人，最好把談話分成若干段，說完一段之後，馬上徵求他的意見，沒問題了再繼續進行下去，如此才不會發生錯誤，也可避免發生因自己話題設計不周到，而引出的不必要的麻煩。

▼五、過分糊塗的人

這種人一開頭就沒弄懂你的意思，你就算和他長時間頻繁的接觸，結果也是枉然。

小王經常光顧一家書店，那裡的一位女店員常常在小王講明購買的書名時，還會糊裡糊塗的弄錯。像這種錯誤，一般人難免會犯一兩次，但像她那樣經常犯，也就有點不可原諒了。因為小王是這家書店的常客，老是遇到這種事情，心裡總感覺不太舒服。終於，有一次小王把這種情形告訴了書店經理，不多久，那個女店員就被辭退了。

經常犯錯的人不外乎兩種：一種人是自己從來不知反省；另一種人則是理解能力差，完全沒聽懂別人的談話。對於這類人，你如果實在找不到合適的人，才去求他吧！

▼六、行動遲緩的人

對於行動比較遲緩的人，交涉時最需要耐心。有一位年輕而稍顯肥胖的女士，也許因為體型的關係，她做起事來，總是比別人慢半拍，感覺上，工作效率總比別人差一點。嚴格說起來，倒不是她的辦事能力不如其他同事，只不過她做起事來太過「慢吞吞」而已。

求人時，可能也經常會碰到這種人，此時你絕對不能著急，因為他的步調總是無法跟上你的進度，換句話說，他是很難達到你的辦事標準的。所以，你最好按捺住性子，拿出耐心，言談上永遠別流露出火大的口氣，並且盡可能配合他的情況去做。

求別人幫忙時怎麼說

每個人都有求別人幫忙的時候，為什麼有的人求別人辦事，對方能心甘情願的應允；但是有的人雖費盡九牛二虎之力，卻總是失望而歸。其實，關鍵在於說話的技巧和分寸，在請求別人幫助時，可從以下幾個方面入手：

▼一、從對方的興趣入手

以對方感興趣或引以為自豪的話題展開交談，在滿足對方心理需要的基礎上提出自己的請求。

一個小型加工廠的廠長，希望與一家大集團公司建立協作關係，遭到該公司副經理的拒絕。第二天，他又找上門，要直接面見總經理，他被告知，談話時間不得超過五分鐘。他被引見給總經理時，發現總經理正在小心翼翼的撣去一幅書法立軸上的灰塵。他仔細一看，是篆書，便說：「總經理，看來您對書法一定很有研究。唔，這幅篆書寫得真好，看這裡懸針垂露之法的用筆，就具有一種多樣的變化美……」

總經理一聽，覺得此人一定是書法同行，於是說：「請坐，請坐下細談。」他們從書法談到經歷，總經理還講述了自己的奮鬥史，廠長很懂得說話的藝術，談話時適時提問，使總經理得以盡情的展開敘述。最後，總經理也就很痛快的和那家小型加工廠合作了。

這位廠長以敏銳的觀察力，發現了可以激發那位總經理談話興趣的話題，打破了尷尬的局面，使對話朝著有利於自己的方向發展。

▼二、先達共識，再提請求

強調某一問題的重要性和迫切性，與對方達成共識，然後順勢就解決此問題提出請求，使對方不好推卻。

有一次，某小學針對學生流失嚴重的現象，計畫召開家長大會。會議主持者想請市議員出面壯壯場面。校長找到了議員，說：「楊議員，我現將學校工作向您彙報一下……其中是我校內一個最嚴重的問題，就是學生大量流失，這對完成九年義務教育勢必帶來不良影響。」

議員接著說：「是啊，這個問題不容忽視，應該要好好的研究一下。」

校長趁勢說：「所以，我們學校打算馬上召開家長會，想請您在會議上發表意見。」

議員考慮片刻，便答應了。後來據他透露，他早已有約在先，只是這事不好推卻，只得捨彼求此了。

這裡，小學校長成功的使用了「先達共識，再提請求」的求助技巧，很輕易的讓議員出席了家長會。

▼三、爭取獲得理解

當我們向別人求助遭到拒絕時，往往會發現對方其實並沒有經過深思熟慮，只是因為意氣用事或其他一些細小的原因而作出了拒絕的決定，這時候，我們就應當站在第三者的立場上，幫助對方分析其決定，然後再促使其答應我方的請求。

例如，二十世紀八〇年代初，引灤入津工程時，擔負隧洞施工任務的部隊因炸藥供應不上，面臨停工和延誤工期。部隊領導人心急如焚，派李連長帶車到東北某化工廠求援。李連長晝夜兼程，趕到該廠供銷科，可是得到的答覆只有一句話：「眼下沒貨！」他找廠長，廠長推說自己很忙，沒時間聽他解釋陳述，他就跟進跟出，有機會就講幾句，但廠長不為所動，冷冷的說：「眼下沒貨，我也無能為力。」廠長給他倒了杯茶水勸他另想辦法。

李連長並不死心，他喝了口茶，說：「這水真甜啊！天津人可真是苦悶，喝的是從海河槽裡、各窪澱中集的苦水，不用放茶就是黃的。」他瞥見廠長戴的是天津產製造的手錶，就接著說：「您戴的也是天津錶？聽說現在全國每十塊錶中就有一塊是天津製造的，每十台拖拉機就有一台是天津生產的，每四個人裡就有一個人用的是天津的鹽。您是辦工業的行家，最懂得水與工業的關係。造一輛自行車要用一噸水，造一噸鹼要一百六十噸水，造一噸紙要二百噸水……引灤入津，解燃眉之急啊！沒有炸藥，工程就得延期……」

廠長一聽，心中受到觸動，就問：「你是天津人？」

「不，我是河南人，也許通水時，我也喝不上那灤河水！」

廠長徹底折服了。他拿起電話下達命令：「全廠加班三天！」三天後，李連長帶著一卡車炸藥返程了。

生活對我們說「你必須求人」。「求人」不是喪失原則，卑躬屈膝，而是人與人互相幫助的一種過程。所以求別人幫忙，一定要掌握好求別人幫助時的分寸，以求達到最好的求人效果。

要注意的是，求人幫忙，一定要將自己放到合適的位置，而不是卑下的位置，如果這樣的話，就失去了運用語言的基礎。千萬不可虛張聲勢，空話連篇。也不必裝的神情沮喪、忍受著任人奚落。要抱著一個平常心、本著有曲有直的原則去看待。

軟磨硬泡，友好的賴著

在求別人辦事時，有時候對方雖然能辦，但是他卻找各種各樣的理由搪塞，弄得你無可奈何。這種情況下，有些性格頑強的人，他們會軟磨硬泡、友好的賴著對方，一副不達目的絕不甘休的樣子。到最後，對方不得不答應他的請求。

宋朝的趙普曾做過太祖、太宗兩朝皇帝的宰相，他是個性格堅韌的人。在輔佐朝政時自己認定的事情，就算與皇帝意見相悖，也敢於一再的堅持。

有一次趙普向太祖推薦一位官吏，太祖沒有允諾。趙普沒有灰心，第二天臨朝又向太祖提出這項人事任命請太祖裁定，太祖還是沒有答應。趙普仍不死心，第三天又提出來。

連續三天接連三次一再的提，同僚也都吃驚，趙普何以臉皮這樣厚。太祖這次動了氣，將奏摺當場撕碎扔在了地上。但趙普自有他的做法，他默默無言的將那些撕碎的紙片一一拾起，回家後再仔細黏好。第四天上朝，話也不說，將黏好的奏摺舉過頭頂立在太祖面前不動。太祖為其所感動，長歎一聲，只好准奏。

同樣的內容，兩次、三次不斷的一再向對方說明，進而達到求人的效果。運用這種求人法，須有堅韌的性格才行，內堅外韌，對一度的失敗，絕不灰心，找機會反覆的盯上門去。

有些人臉皮太薄，自尊心太強，經不住人家首次拒絕的打擊。只要略一受阻，他們就臉紅，感到羞辱、氣惱，不是與人爭吵鬧僵，就是拂袖而去，再也不回頭。看起來這種人很有幾分「你不幫忙就拉倒」的「骨氣」，其實這是過分脆弱的表現，導致他們只顧面子而不去想盡辦法達到目的，於事業無益。

因此，我們在找人辦事時，既要有自尊，但又不要抱著自尊不放，為了達到交際目的，有必要增強耐挫的能力，碰個釘子臉不紅心不跳，不氣不惱，照樣微笑與人周旋，只要還有一絲希望就要全力爭取，不達目的絕不甘休。有這樣頑強的意志就能把事情辦成。但是在運用此法時，應注意不要超過限度，否則傷害了對方的感情，反而會得到相反的效果。

「心理共鳴」求人法

人與人之間，本來就有許多地方是相同的，但是要使彼此真正共鳴，得有相當的說話技巧。在你對另一個人有所求的時候，這樣的論點也同樣適用。最好先避開對方的忌諱，從對方感興趣的話題談起，不要太早暴露自己的意圖，讓對方一步步的贊同你的想法，當對方跟著你走完一段路程時，便會不自覺的認同你的觀點。

伽利略年輕時就立下雄心壯志，要在科學研究方面有所成就，他希望得到父親的支持和幫助。

一天，他對父親說：「父親，我想問您一件事，是什麼促成了您與母親的婚事？」

「我喜歡上她了。」父親答道。

伽利略又問：「那您有沒有娶過別的女人？」

「沒有，孩子。家裡的人要我娶一位富有的女士，但我只鍾情於你的母親，她從前可是一位風姿綽約的女子。」

伽利略說：「您說得一點也沒錯，她現在依然風韻猶存。您不曾娶過別的女人，因為您愛的是她。您知道，我現在也面臨著同樣的處境，除了科學以外，我不可能選擇別的職業，因為我喜愛的正是科學。別的對我而言毫無用途，也毫無吸引力！難道要我去追求財富、追求榮譽？科學是我唯一的需要，我對它的愛有如對一位美貌女子的傾慕。」父親說：「像傾慕女子那樣？你怎麼會這樣說呢？」

伽利略說：「一點也沒錯，親愛的父親，我已經十八歲了。別的學生，哪怕是最窮的學生，都已想到自己的婚事，可是我從沒想過那方面的事。我不曾與人相愛，我想今後也不會。別的人都想尋求一位貌美如花的女子作為終身伴侶，而我只願與科學為伴。」父親似乎有所感悟，但始終沒有說話，仔細的聽著。

伽利略繼續說：「親愛的父親，您有才幹，但沒有力量，而我卻能兼而有之。為什麼您不能幫助我實現自己的願望呢？我一定會成為一位傑出的學者，獲得教授身分。我能夠以此為生，而且比別人生活得更好。」

說到這，父親為難的說：「但我沒有錢供你上學。」

「父親，您聽我說，很多窮學生都可以領取獎學金，這錢是公爵宮廷給的。我為什麼不能去領一份獎學金呢？您在佛羅倫斯有那麼多朋友，您和他們的交情都不錯，他們一定會盡力幫忙的。他們只需去問一問公爵的老師奧斯蒂羅．利希就行了，他瞭解我，知道我的能力……」

父親被說動了：「嗯，你說的有理，這是個好主意。」

伽利略抓住父親的手，激動的說：「我求求您，父親，求您想個法子，盡力而為。我向您表示感激之情的唯一方式，就是……就是保證成為一個偉大的科學家……」伽利略最終說動了父親，他實現了自己的理想，成為了一位聞名遐邇的科學家。

這裡，伽利略採用的是「心理共鳴」的說服方法。這種說服法一般可分為以下四個階段：

一、導入階段——先顧左右而言他，以對方當時的心情來體會現在的心情。伽利略先請父親回憶和母親戀愛時的情形，引起了父親的興趣。

二、轉接階段——逐漸轉移話題，引入正題。伽利略巧妙的透過這句話把話題轉到自己身上：「我現在也面臨著同樣的處境。」

三、正題階段——提出自己的建議和想法。伽利略提出「我只願與科學為伴」，這正是他要說服父親的主題。

四、結束階段——明確提出要求。為了使對方容易接受，可以指出對方這樣做的好處。伽利略正是這樣做的。他說：「為什麼您不能幫助我實現自己的願望呢？我一定會成為一位傑出的學者，獲得教授身分。我能夠以此為生，而且比別人生活得更好。」

就這樣，伽利略終於達到了自己的目的，為最終實現自己的理想奠定了基礎。

找好藉D把禮送出去

送禮可以說是求人辦事中一種高超的手段。巧妙掌握送禮的技巧，才能在整個送禮過程中畫上一個漂亮的句號。最讓送禮者頭疼的，莫過於對方不願接受。或嚴詞拒絕，或婉言推卻，或事後送回，都令送禮者十分尷尬，弄得錢已花，情未結，賠了夫人又折兵，真夠慘兮兮的。

那麼，怎樣才能防患於未然，送禮送到對方的心裡呢？關鍵便是藉口找的好不好，送禮的說得圓不圓，你的聰明才智應該多用在這個方面。

有以下辦法：

▼一、借花獻佛

如果你送上特產，你可說是老家請人帶來的，分一些給對方嘗嘗鮮，東西不多，又沒花錢，不是特地買的，請他收下，一般來說，受禮者那種因盛情無法回報的拒禮心態可望緩和，會收下你的禮物。

▼二、暗度陳倉

如果你送的是酒一類的東西，不妨假借說是別人送你兩瓶酒，來和對方對飲共酌，請他準備點菜。這樣喝一瓶送一瓶，禮送了，關係也近了，還不露痕跡，豈不妙哉。

▼三、借馬引路

有時你想送禮給人，而對方卻又與你八竿子扯不上關係，你不妨選受禮者的生誕婚日，邀上幾位熟人一同去送禮祝賀，那樣一般受禮者便不好拒絕了，當事後知道這個主意是你出的時，必然改變對你的看法。借助大家的力量達到送禮聯誼的目的，實為上策。

▼四、移花接木

老張有事要托小劉去辦，想送點禮物疏通一下，又怕小劉拒絕駁了自己的面子。老張的女朋友與小劉的太太很熟，老張便用起了夫人外交，讓女朋友帶著禮物去拜訪，一舉成功，禮也收了，事也辦了，兩全其美。看來，有時直接出擊不如使用迂迴戰術更能收到奇效。

▼五、先說是借

假如你是給家庭困難者送些錢或物品，有時，他們因自尊心比較強，不肯輕易接受幫助。你若送的是物品，不妨說，這東西在我家也是閒著用不著，你們先拿去用，日後買了再還；如果送的是錢，可以說暫時先應急，以後有了再還。受禮者會覺得你不是在施捨，日後要還，會樂於接受的。這樣你送禮的目的就達到了。

▼六、借雞生蛋

一位學生受老師恩惠頗多，一直想回報但苦無機會。一天，他偶然發現老師紅木鏡框中鑲著的字畫竟是一幅拓片，跟屋裡雅緻的陳設不太協調。正好，他的叔叔是國內小有名氣的書法家，手頭正有他贈的字畫。他馬上把字畫拿來，主動放到鏡框裡。老師不但沒反對，而且非常喜愛。學生送禮回報的目的終於達到了。

▼七、借路搭橋

有時送禮不一定是自己掏錢去買，然後大包小包的送去，在某種情況下人情也是一種禮物。比如，你能透過一些關係買到出廠價、批發價、優惠價的東西，當你為朋友同事買了這些東西後，他們在拿到東西的同時，已將你的那份「人情」當做禮物收下了。受禮者因交了錢，收東西時心安理得，毫無顧慮；送禮者無本萬利，自得其樂。

談話中避開自己

求人辦事時，只有讓對方感到高興才能讓其爽快答應，把事情辦成。那麼，讓其高興的方法之一就是多談論他，而少談論自己。

人們最感興趣的就是談論自己的事情，對於那些與自己毫無相關的事情，大多數人都會覺得索然無味。有時候對你來說是最有趣的事情，卻常常不僅很難引起別人的共鳴，甚至還會讓人覺得可笑。

年輕的母親會熱情的對人說：「我的寶寶會叫『媽媽』了！」她這時的心情是很激動的，可是，旁人聽了會和她一樣的高興嗎？誰家的孩子不會叫媽媽呢？你可不要為此而大驚小怪，這是很正常的事情，如果孩子不會叫媽媽才是怪事呢！所以，在你看來是充滿了喜悅的事，別人不一定會有同感。

竭力忘記你自己，不要老是談你個人的事情，你的孩子，你的生活，以及你的其他的事情。人們最喜歡談論的都是自己最熟知的事情，那麼，在交際上你就可以明白別人的弱點，而儘量去引導別人說他自己的事情，這是使對方高興的最好方法。你以充滿了同情和熱誠的心去聽他敘述，你一定會給對方留下最佳的印象，並且他會熱情的歡迎你和接待你。

在談論自己的事情時，和人較真或爭辯等，都是不明智的表現，不利於達到求人辦事的目的。但還有一樣最不好的，就是在別人面前張揚自己，在一切不利於自己的行為中，再也沒有比張揚自己更愚笨的事了。

例如，你對別人說「那一次他們的糾紛，如果不是我替他們解決了，不知要弄到怎樣，你們要知道，他們對任何人都不放在眼裡的，不過當著我的面前，就不敢妄動了。」即使這次的糾紛，的確因為你的排解而得到解決，可是如果你只說一句，「當時我恰巧在場，就替他們排解了」的話，不是更使人敬佩？這一件值得稱讚的事情被人發覺之後，人們自然會崇敬你，但如果你自己誇張的敘述出來，所得到的效果恰恰相反，人們會認為你在自吹自擂，大家聽了你的自我炫耀，反而會輕視你。

一句自我炫耀的話，是一粒黴臭的種子，它是由你的口裡播種在別人的心裡，進而滋長出憎惡的芽。喜歡自我誇大的人，是找不到好朋友的，因為他自視甚高，鄙視一切，不大理會別人的意見，只會自己吹牛。他一心只想找那些奉承和聽從他的朋友。他常自以為是最有本領的人，如果他做生意，他覺得沒有人比得上他；如果他是藝術家，他就覺得自己是一代大師；要是他在政治舞臺上活動，他會覺得只有他自己是救世主。面子是別人給的，臉是自己丟的。你自己若是具有真實的本領，那些讚美的話應該出自別人的口，而自吹自擂，其結果是讓自己丟顏面。

凡是有修養的人，必定不會隨便說及自己，更不會誇張自己，他自己很明白，個人的事業行為在旁人看來是清清楚楚的，沒必要自己去說，人們自會清楚。

請你不必自吹自擂，與其自己誇張，不如表示謙遜，也許你以為自己偉大，但別人不一定會同意你的看法。好誇大自己事業的重要性，間接為自己吹擂，縱使你平日備受崇敬，聽了這些話別人也會覺得不高興。世間沒有一件足以向人誇耀的事情，自己不吹擂時，別人還會來稱頌，自己說了，人家反而瞧不起了。

千萬不要故意的與人作對，有的人專門喜歡表示自己與別人意見不同。如果你說這是黑的，他就硬說這是白的，如果下一次你說這是白的，他就反過來說這是黑的。這種處處故意表示自己與別人看法不同的人，和處處隨聲附和的人，一樣都是不老實的，會被人看不起，甚至被人們所憎惡，是不忠實的朋友，試想一下，誰會為這樣的人辦事呢？

口才是幫助你待人處世的一種方法，口才本身並不是我們的目的，沒有人願意做一個口才很好，而到處不受歡迎的人。不要為了表現你的口才，而到處逞能，惹人憎恨；口才一定要正確靈活的表現，而不是為了自吹自擂張揚自己。

不要抹殺人家的一切意見，在生活中也要這樣做，如果抹殺了別人的一切，對其好處一點也不承認，這樣，談論就不會愉快，求人辦事的目的也就不會成成，無論你的意見和對方的意見距離有多遠，衝突得多麼厲害，我們也要表現出可以商量的胸懷，並且相信，無論怎樣艱難，大家都可以得到比較接近的看法，使雙方不致造成僵局。儘管什麼都可以談，但是，在到處都可以航行的談話題材的海洋裡面，也有一些小小的礁石，要留心的避開它。

對於你所不知道的事情，不要冒充內行。你知道多少，就說多少，沒有人要求你成為一個百科全書式的專家。即使是一個最有學問的人，也不可能無所不知。所以，坦白承認你對於某些事情的無知，絕不是一種恥辱，相反的，這會使別人對你說的話，認為有值得參考的價值，沒有吹牛，沒有浮誇，沒有虛偽。

不要向所求之人誇耀自己的私生活，例如你個人的成就，你的財富，或是老向別人說自己的孩子怎麼了不起。不要在一般的公共場合把朋友的缺點和失敗當做談話的題材，不要老是重複同樣的話題，不要到處訴苦和發牢騷，因為訴苦和發牢騷並不是良好爭取同情的方式。做人的基本態度，應該是這樣：有著寬容豁達的胸懷，並且願意使大家相處融洽，儘量不出現僵局。

要學會套關係

託人辦事之前首先要透過語言拉近和對方的距離。俗稱「套關係」，也叫「名片效應」、「認同術」。套關係是交際中與陌生人、尊長、上司等溝通情感的有效方式。

外交史上有一則軼事：一位日本議員去見埃及總統納賽爾，由於兩人的性格、經歷、生活習慣、政治抱負相距甚遠，總統對這位日本議員不大感興趣。日本議員為了不辱使命，拉近與埃及當局的關係，會見前進行了多方面的分析，最後決定以套關係的方式打動納賽爾，達到會談的目的，以下是雙方的談話：

議員：「閣下，尼羅河與納賽爾，在我們日本是婦孺皆知的。我與其稱閣下為總統，不如稱您為上校吧！因為我也曾是軍人，也和您一樣，跟英國人打過仗。」

納賽爾：「唔……」

議員：「英國人罵您是『尼羅河的希特勒』，他們也罵我是『馬來西亞之虎』，我讀過閣下的《革命哲學》，曾把它與希特勒《我的奮鬥》作比較，發現希特勒是實力至上的，而閣下則充滿幽默感。」

納賽爾：「（十分興奮）呵，我所寫的那本書，是革命之後，三個月匆匆寫成的。你說得對，我除了實力之外，還注重人情味。」

議員：「對呀！我們軍人也需要人情。我在馬來西亞作戰時，一把短刀從不離身，目的不在殺人，而是保衛自己。阿拉伯人現在為獨立而戰，也正是為了防衛，如同我那時的短刀一樣。」

納賽爾：「（大喜）閣下說得真好，以後歡迎你每年來一次。」

此時，日本議員順勢轉入正題，開始談兩國的關係與貿易，並愉快的合影留念。日本人的套關係策略產生了奇效。在這段會談一開始，日本人就把總統稱作上校，降了對方不少級別；挨過英國人的罵，按道理說也不是什麼光彩的事，但對於軍人出身、崇尚武力，並獲得獨立戰爭勝利的納賽爾聽來，卻頗有榮耀感；沒有幽默感與人情味，自己又何以能從上校到總統呢？接下來，日本人又以讀過他的《革命哲學》，稱讚他的實力與人情味，並進一步稱讚了阿拉伯戰爭的正義性。這不但準確的刺激了納賽爾的「興奮點」，而且百分之百的迎合了他的口味，使日本人的話收到了預想的奇效。日本議員先運用尋找共同點的辦法使納賽爾從「不感興趣」到「十分興奮」而至「大喜」，可見日本人套關係的功夫不淺。這位日本議員的成功，給了我們一個重要的啟示，那就是不能打無準備之仗，有備而來，才能套關係，並且套得扎實，套得牢靠。

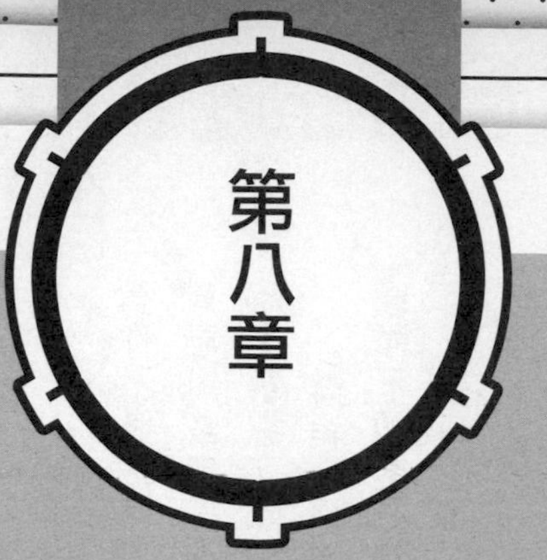

巧舌能戰的說話方式

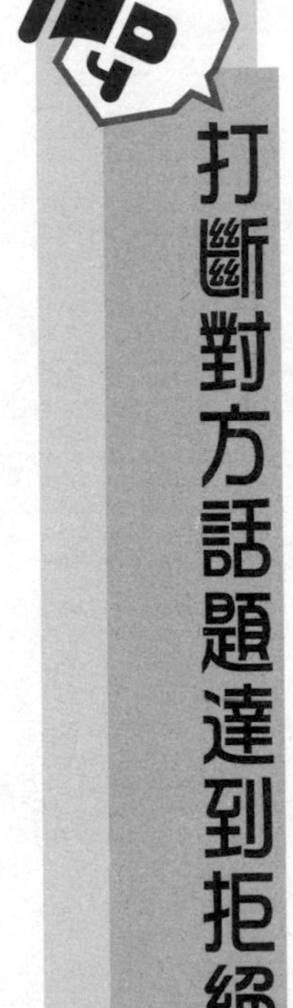

打斷對方話題達到拒絕的目

「先發制人」重在一個「先」字，貴在一個「制」字。當你瞭解別人將要說一些對你不利的話或讓你辦一些不想辦的事時，你可搶先開口，或截、或封、或堵、或圍、或壓、或勸，明確告知對方免於開口，打斷對方的話題，用其他話題岔開。這樣就能牢牢掌握交際的主動權，達到自己拒絕的目的。

辯論不是簡單的舌戰，更不是街頭的潑婦罵街，而是進攻與防守綜合藝術的運用。顧頭不顧尾的蠻攻和忍氣吞聲的呆守都會造成滅頂之災。

孫子曰：「備前則後寡，備後則前寡，備左則右寡，備右則左寡，無所不備，則無所不寡。」在辯論時，為了辨明是非，最經常也是最奏效的戰略就是主動出擊，先發制人，因為只有在進攻、進攻、再進攻中才能始終把握主動權。但不能盲目進攻，要掌握進攻技巧，才能取得好的效果。

▼一、正面進攻

辯論中，與對方短兵相接，面對面的直接駁斥對方的論點，尤其是中心論點，指出對方論點的錯誤和明顯違背事實和常理的地方，使其主張不能成立，是辯論制勝的法寶。這就是所謂正面進攻。這是大規模的正規軍決戰常用的手法，最常用，也最難以掌握。

有一年「亞洲地區大學生論辯賽」預賽的第一場，香港中文大學隊對新加坡國立大學隊，辯題是「個人功利主義是社會進步的最重要的因素」。辯題即論點，站在反方的香港中文大學隊的一名隊員發言指出「孫中山主管辛亥革命，推翻了中國兩千多年的封建統治，難道是因為個人功利主義嗎？愛迪生發明了電燈，造福於全人類，難道是因為個人功利主義嗎？」

上述例子中採用的就是正面進攻，直接反駁辯題。只用兩個反問句，舉出兩個無可辯駁的歷史事實。孫中山主管的辛亥革命，中國及全世界都知道；愛迪生的科學發明，給全世界帶來了光明，更是世人皆知。論者用這兩個促進社會進步的重大歷史事實，直接證明「個人功利主義是社會進步的最重要因素」這一論點的錯誤。這一方法的效果是全面而且有力的。

▼二、側面進攻

側面進攻指不與對方正面交鋒，或是因對方論點看似十分堅強，難以找到漏洞，而從側面駁斥對方的論據，或提出對方論據邏輯上的毛病，加以迎頭痛擊，徹底打垮對方。

▼三、迂迴進攻

迂回進攻是指不與對方近距離接觸，而先遠距離的進攻，如從挑剔對方的論辯態度不妥或論辯風度有失，開始詰難，進而抓住對方的論辯企圖，深入進行駁詰。用這種方法，往往使對手措手不及，難以應答。

▼四、包圍進攻

包圍進攻是指當對方分論點很雜時，可以分割包圍對方核心論點周圍的分論點及論據逐一進行駁詰，最後推翻對方的核心立論。既然對方分論點不能成立，其核心立論自然不成立。在辯論中，要做到先發制人，搶先掌握主動權，只有以正確的進攻方式攻擊對手，在攻擊過程中發現對方的破綻搶先下手，進而窮追猛打，方可達到預先目的，並一舉取勝。

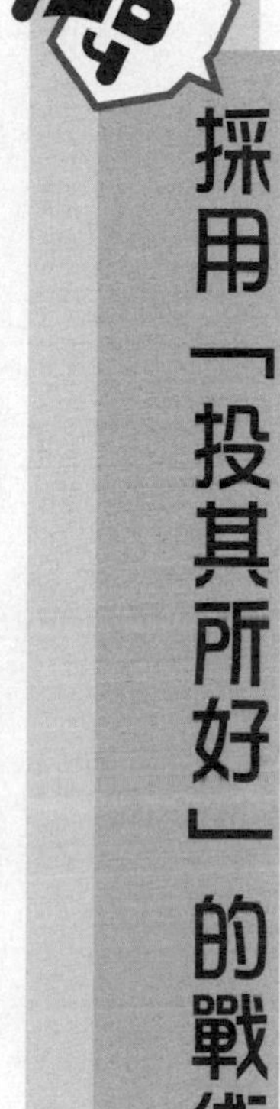

採用「投其所好」的戰術

論辯是參辯雙方的一種逆向抗衡，這種抗衡往往針鋒相對，陷入僵局相持不下。要想突破僵局，取得辯論的勝利，不妨另闢蹊徑，變逆為順，採用「投其所好」的戰術，從順向的角度，向對方發起一場心理攻勢，在順的過程中化解對方的攻勢，發現對方的破綻，抓住突破之機，進而出其不意的戰勝對方。

下面是其具體的方法：

▼一、設計誘導

一天，一位面容姣好的女生在馬路上走。突然，她發現有一個帥氣的型男在後面緊追不捨，怎麼辦呢？她突然有了主意。

她回過頭來對帥氣的型男說：「你為什麼老跟著我？」

帥氣的型男說：「妳太漂亮了，讓我們交個朋友吧！」

女孩嫣然一笑，說：「謝謝您的誇獎，在我後面走的女孩是我妹妹，她比我更美。」

「真的嗎？」帥氣的型男非常高興，馬上回過頭去，卻不見女孩的身影。他知道上當了，又去追趕那位漂亮的女孩，質問她為什麼騙人。

女孩說：「不，是你騙了我，如果你真心喜歡我，那麼為什麼去追另一個女人，經不起考驗，還想跟我交朋友，請你走開！」帥氣的型男被說得面紅耳赤，訕訕的離開了。

這位女孩之所以能制伏帥氣的型男，就是順著對方貪圖美色的心理，投其所好，設計誘之。對方不知是計，去追更美的女孩，這就使其醜惡的嘴臉暴露無遺。女孩順勢反擊，讓對方自暴其醜，無地自容，進而達到了目的。

▼二、創造時機

一次，律師喬特斯為有殺妻嫌疑的拉里辯護，當時律師麥納斯提出了對拉里十分不利的證據：拉里曾向麥納斯提出過，要麥納斯幫助他與妻子離婚，並由此推論拉里在無法達到離婚目的時，會採取極端措施。喬特斯知道要直接反駁「要求離婚就有殺人動機」是困難的，於是他採取了「投其所好」的策略。

喬特斯故作謙虛的向麥納斯承認，自己對離婚是外行，一邊恭敬的問對方是不是很忙。

麥納斯躊躇滿志的回答：「要我處理的案子要多少有多少。」

後來又補充說，每年至少有二百件。

喬特斯讚歎說：「啊！一年二百件，您真是離婚案的專家，光是寫文件就夠您忙的了。」

麥納斯猶豫了，感到說得太多人們難以相信，所以只好承認說：「可是……其中有些人……嗯……因為這樣那樣的原因改變了主意。」

破綻出現了，喬特斯抓住這一點，進一步誘導道：「啊！您是說有重新和好的可能，那大概有百分之十的人不想把離婚付諸行動？」

麥納斯說：「百分比還要高一些。」

「高多少，百分之十一？百分之二十？」

「接近百分之四十。」

喬特斯用難以置信的眼光盯著他說：「麥納斯先生，您是說去找您的人當中有近一半最後決定不離婚？」

「是的。」麥納斯這時有些感覺到了，但退路已經沒有了。

「嗯，我想這不會是因為他們對您的能力缺乏信任吧？」

「當然不是！」麥納斯急忙自我辯解，「他們常常是一時衝動，就跑來找我。可是一旦真的要離婚，便改變了主意……」

他突然止住，意識到自己上當了。

「謝謝，」喬特斯說，「您真幫了我的大忙。」

在這場法庭辯論中，喬特斯見正面反駁難度較大，就採用了「投其所好」術，從側面迂迴。他先坦率的承認自己對離婚案是外行，恭維對方很忙，當對方得意忘形鼓吹自己處理離婚案件的數目時，他又進一步恭維對方是離婚案專家。當對方感到吹過了頭，說有些人因這樣那樣的原因改變了主意時，時機出現了。喬特斯抓住這一點誘使對方說出了自己否定自己的話。

可見，在論辯中如果正面說理難以奏效，可以採用「投其所好」術，與對方巧妙周旋，對方對抗心理弱化，疏於防範，就有可能暴露出一些破綻，己方乘隙而入，一舉制勝。

▼三、巧佈疑陣

一位顧客到某酒店喝酒，店主以半杯酒當滿杯賣給他。他喝完第二杯後，轉身問店主：「你們這兒一星期能賣多少桶酒？」

「三十五桶。」店主洋洋得意的回答。

「那麼，」顧客說，「我倒想出了一個能使你每星期賣掉七十桶的辦法。」

店主很驚訝，忙問：「什麼辦法？」

「這很簡單，你只要將每個杯子裡的酒裝滿就行了。」

聰明的顧客利用店主唯利是圖的心理，投其所好，巧設圈套，待其落入，再奮力一擊，揭露了店主以半杯酒充一杯酒的惡劣行徑。此種說法比起一般的斥責要有力得多，也深刻得多。

可見「投其所好」術又是辯論中的疑兵之計，可以迎合對方的某種愛好和某種心理，巧布疑陣，麻痹對方，使之放鬆警惕，誤入陷阱，進而達到戰勝對方的目的。

辯論中的「投其所好」術，其實也是一種「誘敵」戰術，抓住對方的需求和動機，設下圈套，誘敵深入，對方進入伏擊圈後，己方就可猛烈出擊，戰勝對方。在論戰中，只要善於投其所好，就能很快突破僵局，漸入佳境，走向成功。

開門見山的表達方法

辯論中的單刀直入是比較常用的，這主要是在面對特殊的話題或特殊的對手，使自己難以組織說理性的攻擊時而採用的一種較為簡便但又能懾服對手的辯論戰術。

開門見山式的辯詞通常是雄辯者在事先準備好的。也就是說，在參辯之前，對辯論的題目乃至對對手的實力進行理性的分析後，制定一兩句能讓對方躲閃不及又必須正視的辯詞來應對，以此攪亂對方的正常心態，使之在昏亂中做出對其不利的反應。

戰國時，齊國的孟嘗君主張合縱抗秦，他們的門客公孫弘對孟嘗君說：「您不妨派人到西方觀察一下秦王。如果秦王是個具有帝王之資的君主，您恐怕連做屬臣都不可能，哪裡顧得上跟秦國作對呢？如果秦王是個不肖的君主，那時您再合縱跟秦作對也不算晚。」

孟嘗君說：「好，那就請您去一趟。」

公孫弘便帶著十輛車前往秦國去看動靜。秦昭王聽說此事，想用言辭羞辱公孫弘。

公孫弘拜見昭王，昭王問：「薛這個地方有多大？」

公孫弘回答說：「方圓百里。」

昭王笑道：「我的國家土地縱橫數千里，還不敢與人為敵。如今孟嘗君就這麼點地盤，居然想與我對抗，這能行嗎？」

公孫弘說：「孟嘗君喜歡賢人，而您卻不喜歡賢人。」

昭王問：「孟嘗君喜歡賢人，怎麼講？」

公孫弘說：「能堅持正義，在天子面前不屈服，不討好諸侯，得志時不愧於為人主，不得志時不甘為人臣，像這樣的士，孟嘗君那裡有三位。善於治國，可以做管仲、商鞅的老師，其主張如果被聽從施行，就能使君主成就王霸之業，像這樣的士，孟嘗君那裡有五位。充任使者，遭到對方擁有萬輛兵車君主的侮辱，像我這樣敢於用自己的鮮血濺灑對方衣服的，孟嘗君那裡有十個。」

秦國國君昭王笑著道歉說：「您何必如此呢？我對孟嘗君是很友好的，並準備以貴客之禮接待他，希望您一定要向他說明我的心意。」

公孫弘答應著回國了。

有的時候，一言就能定輸贏，緊緊抓住要點，一針見血，給人簡潔、幹練的感覺，冗長的客套話往往會引起對方反感。

因此，一般情況下，開門見山的發問，是最好的方式。這種發問方式對被問者來說是不好對付的。正由於此，被問者在慌亂中往往會出現詞不達意或越答越錯的現象，這樣，發問者便可輕而易舉地將對手擊敗了。

現實生活中，開門見山的表達方法，可以說明自己的信心、信念和不可動搖的意願，並以一定的口吻促使對方改變原來的主意，不再猶豫，不再因考慮細小枝節而對關鍵性的問題和你抗衡。

開門見山戰術在辯場上常以發問形式出現。如果對方避而不答，可追問他們不答覆的理由。若答覆不能自圓其說，或其所說不利於發問者，因發問者早有準備，胸有成竹，可立即進行辯駁。

抑制對方逐漸高漲的氣勢

鍋裡的水沸騰，是靠火的力量，而柴草則是產生火的原料。止沸的辦法有兩種：一是揚湯止沸；二是釜底抽薪。古人說：「故揚湯止沸，沸乃不止；誠知其本，則去火而已。」

論辯雙方所持的論題，都是由一定的論據支持的，如果將一個論題的根據——論據抽掉，那麼，論題這座大廈就會轟然倒塌。

一九六〇年五月，英國陸軍元帥蒙哥馬利應邀到中國參觀訪問。一天晚飯後，陪同人員和蒙哥馬利到街上散步。當走到一家劇場門外時，他突然向裡頭走去，陪同人員也跟著進去。

劇場正上演著著名京劇《穆桂英掛帥》。陪同人員立即與劇場聯繫，給蒙哥馬利安排了座位，並由翻譯介紹劇情和唱詞。

中間休息時，他離開了劇場，邊走邊向陪同人員說：「這齣戲不好，怎麼能讓女人當元帥？」

陪同人員熊向暉解釋道：「這是中國的民間傳奇，群眾很愛看。」

蒙哥馬利說：「愛看女人當元帥的男人不是真正的男人，愛看女人當元帥的女人不是真正的女人。」

熊向暉立即反駁說：「英國的女王也是女的。按照你們的體制，女王是英國國家元首和全國武裝部隊的總司令。」

蒙哥馬利一怔，不吭聲了。

挖掉根基，大廈必傾；薪火已去，釜湯難沸。在許多情況下，僅憑口頭議論難以弄清楚的問題，借助一些具體的動作行為，就可以明辨真假。這是因為動作行為具有強烈的直觀性，它的真假當場就可以驗證，具有不容置疑的雄辯力量。

我們有時可能直接指出對方論據的虛假，但當情況還不明朗時，我們可以創造條件，戳穿對方虛假的論據。其要領是以某種動作行為為論據，同時輔以一定的語言敘述進行論證。

有一天，李老頭家丟了一頭六十多斤的豬，懷疑是鄰村一個叫矮冬瓜的人偷的，於是官司打到縣衙。聽過原告申訴，知縣問被告是否屬實。

矮冬瓜說：「豬走得慢，偷豬人怕被發現，是不敢在地上趕豬走的，所以他們偷時，總是將豬背在肩上。你看小人瘦骨嶙峋，手無縛雞之力，如何背得動這頭肥豬呢？」

知縣打量了他一會兒，說：「確實如此，我聽說你向來清白無辜，又可憐你家貧困，這樣吧，現在賞你一萬錢，回家好好做點小本生意，切莫辜負我的一片苦心。」

矮冬瓜得錢，連連磕頭謝恩，把錢理好後，就利落的套在肩上，轉身要走。

知縣喝道：「慢！被告，這一萬錢不止六十斤吧？」

矮冬瓜一愣，掂了掂說：「嗯，差不多。」

知縣冷笑道：「你既說自己手無縛雞之力，怎麼如此重的錢像沒什麼分量似的背上就走？可見那六十斤重的豬你也是背得動的。」

矮冬瓜無法抵賴，只好招供自己的罪行。

無論在談判桌上還是在辯論臺前，都會碰到咄咄逼人或是氣勢洶洶的對手，其語言攻勢如同鍋中熱水，往往達到了沸沸揚揚的程度。面對這種情況，舌戰的當務之急就是抑制對方逐漸高漲的氣勢，而抑制的最佳方法就是抽去「鍋下的柴火」，從根本上解決問題。

「綿裡藏針」逆轉乾坤

先說軟的，可以在強敵面前取得進一步論辯的機會；再說硬的，就可以顯示一些威脅的力量。軟的為綿，硬的為針，是為綿裡藏針。「綿裡藏針法」的運用常常跟餵小孩子吃苦藥的道理一樣，要用糖衣包著藥片，或者就著糖水送服，招數因人而異，竅門卻一通百通。

春秋時期的晉靈公奢侈腐化。某年下令興建一座九層高的樓臺，群臣勸說，他火了，乾脆又下了一道命令，敢勸阻建九層臺者斬首。這樣一來便沒人敢說話了。

只有一個叫孫息的大臣很討靈公喜歡。他就告訴靈公說他能把九個棋子疊起來，上面還能再疊九個雞蛋。靈公聽了，覺得這件事挺新鮮的，立即要孫息露一手讓他開開眼界。孫息也不推辭，就把九個棋子疊在一起，接著又小心翼翼的把雞蛋往棋子上疊，放第一個，第二個……

孫息自己緊張得滿頭大汗，戰戰兢兢，看的人也大氣不敢出一口。如果孫息不能把雞蛋疊好，就犯了欺君大罪，是會被殺頭的。

這時，靈公也憋不住了，大叫：「危險！」

孫息卻從容不迫的說：「這算什麼危險，還有比這更危險的事哩！」

靈公也被勾起了好奇心：「還有什麼比這更危險？」

孫息便掂掂手中的雞蛋，慢吞吞的說：「建九層臺就比這危險百倍。如此之高臺三年難成，三年中要徵用全國民工，使男不能耕，女不能織，老百姓沒有收成，國家也窮困了。而國家窮困了，外國便會趁機打進來，大王您也就完了。你說這不比往棋子上疊雞蛋更危險嗎？」

靈公嚇出了一身冷汗，立即下令停工。孫息讓晉靈公看了場不成功的雜技表演，更受了一次形象生動的批評，那味道確實是又甜又苦。正在氣頭上的人，是難以與他正面爭辯的。何況他還有無上的權威支持，那更是老虎屁股——摸不得。然而，「綿裡藏針法」每每在這樣的關鍵時刻，能起到逆轉乾坤的作用。

莊重顯力量，風趣顯風度。在論辯中做到既莊重又風趣，可以叫對方無力招架，自歎弗如。莊重為綿，風趣為針，是為綿裡藏針。

綿裡藏針，話裡藏話，整體上有兩個基本功：一是能夠聽出對方的弦外之音，惡毒之意，否則便會成為笑柄，白白賠了笑臉；二是要委婉含蓄的表達自己，話要說得很藝術，讓聽話之人心領神會，明白你話中的鋒芒所在。

拿出事實，勝於雄辯

人們常說「事實勝於雄辯」，在具體的事實面前，即使再蠻橫、再能狡辯的人，也不能置事實於不顧，睜著眼睛說瞎話。大家一定還記得那個小時候聽過的關於愛因斯坦的「板凳」故事：

一次手工課，愛因斯坦把自己「製造」的一張很不像樣的「板凳」交給了老師。老師看後很生氣，舉著「板凳」問孩子們：「你們見過比這更糟糕的凳子嗎？」小朋友們都一個勁地搖頭表示「沒見過」。

但愛因斯坦卻從課桌裡拿出了另外兩張「板凳」，說：「比這更糟糕的凳子還是有的。」

他指著拿出來的那兩張「板凳」說：「這是我第一次和第二次製作的。剛才交老師的已是第三張板凳了，雖然它做得並不好，但比這兩張好多了。」

結果，老師被說得啞口無言。這就是擺明事實最直接的辦法——示物助說。

在辯論中，雄辯者及時抓住現場的某些事物用作論據反擊敵論，這種辯論技巧，就是就地取證戰術。由於這些事物都是辯論者在現場的所見所聞所感，是大家有目共睹的，生動具體，直觀性好，一點就明，一說就透，因而具有很強的雄辯力量。

在一次「大學生可不可以創業經商」的論辯比賽中，正方的一辯是這樣開始他的發言的：「朋友們，在我們這個『有錢非萬能，無錢萬不能』的時代裡，錢這個身外之物一定令在座的各位男女同學苦苦追求過。也許哪位女同學為缺少一塊錢而買不到自己喜愛的軟糖傷透了腦筋；也許哪位男同學因缺少五塊錢而不能吃上一份紅燒肉只能吃盤白菜而搓痛了腦袋；也許哪位同學因為缺錢而買不起牙膏刷牙以致口臭，買不起郵票寄信以致難向遠方的親人傾吐親情；也許……無數的也許。看來只有有錢才能有風采，才能有魅力，才能讓人生存。錢可以給我們帶來巨大的物質、精神享受。而創業經商首先做到的是可以開拓生財之道。這樣說來，何樂而不為呢？這是其一。其二……」

這位論辯者抓住現場觀眾感興趣、聯繫緊的日常瑣事臨場切入，就地取證，講出了大家的心裡話，深得觀眾認同。

就地取證，顧名思義，就是現場找例證，現炒現賣。所以，在用此法時要弄清的是，從現場找來的例證是否具有說服力，如果缺乏說服力，還是別把時間白白浪費在這方面為好。

如何用反比喻加以駁斥

在與對手的爭論中，邏輯思維起著極為重要的作用，它使思維顯得嚴謹、條理，使立論變得牢不可破。但邏輯思維也有自己的局限性，它使語言變得枯燥、抽象，如果沒有形象思維緊密配合，氣氛就會顯得過分凝重，缺乏活力和幽默感。這就需要比喻論證的方法。在辯論中經常設譬，以小喻大，以淺喻深，邏輯性很強，有極強的說服力。

巫馬子和墨子兩人都是戰國時代的哲學家，這一天，他們發生了爭執。

巫馬子說：「您提倡兼愛哲學，主張世界上所有的人都應當團結友愛、平等相待，卻沒能給別人帶來直接的好處；我主張各人顧各人，人人自行其是，獨來獨往，也沒聽說傷害了誰。我們兩人迥然不同的哲學主張，目前都還沒有顯示出其應有的社會效果來，可是為什麼您總是認為只有自己的理論是對的，而要全盤否定我的理論呢？」

墨子說：「假如這裡失了火，一個人想著去提水滅火，另一個人則打算往火裡添柴助燃，但都沒有未付諸行動，那麼您對這兩個人作何評價呢？」

巫馬子答：「我當然認為那個準備提水滅火的是好人，而想在火上添柴的人則是需要提防的。」

墨子說：「對呀！這就說明我們議人論事不能忽視其動機。而今，我主張兼愛天下的動機是好的，所以我肯定它；而您主張不愛天下的動機則令人費解，所以我當然要否定它。」巫馬子於是服從了真理。

墨子認為巫馬子的利己主義理論不會使任何人受益，因為它根本就不能得以提倡。但是這個道理講起來有些「費勁」，因為巫馬子的話看似邏輯嚴密，墨子用一個淺顯易懂的例子做比喻，一下就指出了巫馬子想法中的要害，取得了很好的論辯效果。

但是在辯論中，有的詭辯者為了達到其詭辯的目的，也往往借助於比喻的手法，去做荒唐的比喻式詭辯。例如，某人整天喝酒，喝得爛醉如泥，遭到大家的反對，有一次，這個酒鬼對人解釋說：「多喝酒，可以長命。你們沒看見把肉放在酒精中可以保存更長時間嗎？」由於將抽象的事理賦予形象，荒唐比喻式詭辯就具有很大的欺騙性，很顯然這個酒鬼在進行詭辯。有一個十歲的小孩子看到他在詭辯，於是當場用一個反的比喻反駁道：「酗酒就會短命。你沒看見蓋酒罈的布，時間一長就會黴爛嗎？」反駁針鋒相對，尖銳有力，直叫那個酒鬼啞口無言。所以，當我們的論敵使用荒唐比喻式詭辯時，我們也可以構造一個反比喻加以駁斥。

巧施策略，反駁詭辯

在現實生活中，有的人為了維護自己的觀點或看法，往往會構設詭辯來向對方挑戰，陷對方於被動尷尬的境地。詭辯在辯論中固然厲害，但詭辯自身存在著語言模糊、內容矛盾、邏輯錯誤等方面的局限性，因此反駁詭辯可從以下三個方面打開突破口。

▼一、以其人之道，還治其人之身

詭辯的內容如果是矛盾的，可先指明矛盾所在，然後再點出問題的實質。如：某地有幾個地痞，經常偷雞摸狗，欺壓鄉鄰，但警察局對這些人一直採取縱容態度，致使他們的氣焰日益囂張。人們忍無可忍，集體向當地的州長反映了這一情況。州長找來警察局局長問：「那幾個地痞胡作非為，你這個局長知道不知道？」

局長：「知道。」

州長：「既然知道，那為什麼至今未對他們採取行動？」

局長：「採取行動只是個時間問題，這就像餵豬一樣，如果還沒等到豬肥就殺了，那怪可惜的，不划算。這些地痞就像豬一樣，現在還是瘦瘦的沒餵幾個月，處罰起來沒分量。所以這是個策略問題，別人不理解，我們可以理解。」

州長：「你的『肥豬論』太玄虛了，人們怎麼會理解？豬是人們心甘情願餵養的，而這些地痞，人們會甘願餵養嗎？還是聽聽我的『肥鼠論』吧。如果有個人養了一隻貓，指望牠捉老鼠，但這隻貓卻放任老鼠在家裡吃穀子，結果主人家老鼠成災。主人找貓來問罪，而貓卻振振有詞地對主人辯解：『家裡老鼠太瘦了，等到餵肥了再抓也不遲。』你猜主人對貓會有什麼看法？」

局長：「這……州長的『肥鼠論』更有哲理，我是一時糊塗，我馬上就把那隻『肥老鼠』抓起來。」

在這個事例中，局長企圖用「肥豬論」為自己工作失職辯解，但州長一語道破了「肥豬論」在內容上的荒謬，即豬是人們自願餵養的，而地痞則相反，二者不能相提並論。揭露批駁局長的「肥豬論」還不夠，州長又引出「肥鼠論」，形象生動的說明了地痞橫行不法，警察局放任不管，人們遭殃的事實，含蓄地指責了局長主觀的荒唐，工作的失職。所長再不表態自己失誤，其利害關係就不言而喻了。

▼二、抓住其邏輯錯誤，以理服人

詭辯的邏輯如果是錯誤的，不妨順著這個錯誤的邏輯，將錯就錯，就地取材，重新構設一下詭辯進行反駁。例如：有一人自認為對佛學的研究很深，並大談輪迴報應，警告人們不要輕易殺生，他說：「凡是殺過一牛一豬的人，來生便做牛做豬，所以，哪怕是螞蟻之類也要仁慈對待。」

聽眾中當時即有人反駁：「那還是殺人好了。」

眾人問為什麼，他回答說：「按這種說法，哪怕來生報應也還是做人呀！」

那人一下子被駁得啞口無言。

在這裡，此人的論點是「不要輕易殺生，因為殺牛殺豬就會變牛變豬」，旁人則依其邏輯推論「要想來世變人，就得殺人」來進行反駁，不僅很巧妙，而且還相當富有力度。

▼三、抓住本質加以辯駁

詭辯的語言如果含糊不清、模棱兩可時，可透過對其語言進行判斷、分析，解釋批駁他的荒謬觀點和不實之詞，闡明自己的立場和觀點。請看老張和老劉的辯論：

老張問：「在金錢和道德之間，你選哪一個？」

老劉不假思索的回答：「當然選道德。難道你選金錢？」

老張詭祕的說：「我是選擇金錢，因為我缺少金錢。你選擇道德，那是因為你缺少道德。」

老劉聽了老張的不友好言語，立即反駁說：「你的話只講對了一半，十分的道德，我已有九分，還缺少一分，所以我選道德；萬貫的家財，你已有九千貫，但你還缺少一千貫，所以你選金錢。因此，準確的說，我選道德是我崇尚道德，你選金錢是你貪圖金錢。」

從上例不難看出：老劉重義，老張重利。然而，老張為了給老劉難看，構設了一個以模糊語言為核心的詭辯以嘲諷老劉。這個詭辯的關鍵字語「缺少」在特定語境中是很模糊的，即包含了「缺得很多、缺得不多、缺一點點」等方面的意思。老劉的反駁針對「缺少」這一模糊的詞語，用形象的語言清晰的把它量化出來，否定了自己「缺德」、老張「缺錢」的荒謬論斷，最後用「崇尚」來褒揚自己對道德的追求，用「貪圖」來貶斥對方對金錢的貪得無厭。

綜上而言，只要能在以上三個方面中的任何一個上找到突破口，就可以輕鬆反駁論敵的詭辯，讓對方處於被動。

順水覆舟戰術的關鍵

古有順水推舟之典故，其意帶有作現成的人情的意思。亦即既然已水到渠成，不如給對方送個好的人情，也可視為你助人一把，讓人惦記於心間。但到辯論場合，雙方的觀點必屬於你是我非或我是你非的爭奪，此時絕沒有讓人情之說。

那麼，為什麼辯場還有「順水」之說呢？道理很簡單，水可以載舟，也可以覆舟。好比對方的辯詞也是一片舟，推則載之，翻則覆之。倘若此舟是壞舟，越推越載越糟糕，倘若此舟是好舟，就要看你願意推還是覆了。故此為借敵之誤，順水覆舟。

辯論中所採用的順水覆舟戰術，作為舌戰謀略，是抓住對方已有悖點的話茬順接著說下去，對方在被你所「順」的路上越滑越遠，其誤發展到不可收拾的時候，那船只需輕輕一踹，它就自然下沉了。

順水覆舟戰術是借敵之誤而取勝的技巧之一。其主要特點有三：

其一是借他人之誤為助己所用。言辭是先順後反，倘若對手錯誤已昭然若揭，連反的必要都無需了。

其二是和對方不作正面抗衡，而是心中有數的和對方迂迴討論辯題，待時機有把握時再出手，沒把握時可以不出手。

其三是逆中仍不是逆，有「既然你說這樣，那就這樣，看你怎麼辦」的意味。彷彿是順水做人情，其實就是順誤找靶子。

當你的言辭由順從對方的邏輯而突然出現逆轉的瞬間，對方會從暗自欣喜到大惑不解，終至遭受當頭一棒，暈頭轉向的陷入欲辯不能的尷尬境地之時，這就是你完成借人之誤，順水覆舟的全部過程。

有一位資深的記者在採訪薩伊總統蒙博托時有過一段簡短的對話。

記者：「總統閣下，依您的為人，向您請教個問題該不會拒絕賜教吧！」

蒙博托：「那就請便吧！」

記者：「總統閣下，你很富有。據說你的財產達到三十億美元，是真的嗎？」

蒙博托：「一位比利時議員說我有六十億美元！你聽到過吧？」

上例中，記者的提問，表面是問家庭經濟情況，實際上是觸及政府首腦是否廉潔的政治問題，這對蒙博托來說是要慎重回答的。這種回答難度極高，正面解釋是難以說清的，置之不理則會讓人誤以為是默認。而蒙博托則運用順水覆舟術，來個虛而掩之，掩而襲之，巧妙的用一個十分誇張的情況，順著對方問話的主題來反問對方。這麼一問，蒙博托不但不用回答記者的刻薄提問，反倒拋出一個更難的問題難住了記者。

運用順水覆舟戰術辯論時，需注意如下要點：

一、順的時機要把握好，要找準對手未被揭露的悖謬去順，這樣才能為你的覆舟找到戰機。

二、順是為了逆對方而所做出的一種策略戰術性安排。其最終的目的，仍然還是為了打敗對方。如果做不到這些，勸君就趁早別用此招，以免覆不了別人，反而覆了自己。

順水覆舟戰術巧在對對方攻勢的利用，化對方之進攻力為我之力，大有「四兩撥千斤」之功。運用順水覆舟戰術的關鍵在於處理好「順」與「推」之間的轉換關係，畢竟，推的極致，就是覆的結果。

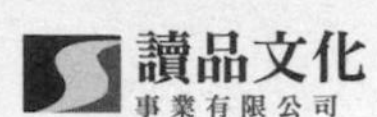

WWW.foreverbooks.com.tw yungjiuh@ms45.hinet.net

思想系列 75

能說、好聽、不帶刺的高段說話術

編　　著　簡勝文
出 版 者　讀品文化事業有限公司
執行編輯　林秀如
美術編輯　林鈺恆
內文排版　姚恩涵

總 經 銷　永續圖書有限公司
TEL／(02)86473663
FAX／(02)86473660
劃撥帳號　18669219
地　　址　22103　新北市汐止區大同路三段 194 號 9 樓之 1
TEL／(02)86473663
FAX／(02)86473660
出 版 日　2020年10月

法律顧問　方圓法律事務所　涂成樞律師

國家圖書館出版品預行編目資料

能說、好聽、不帶刺的高段說話術 / 簡勝文編著.
-- 初版. -- 新北市 : 讀品文化, 民109.10
面 ;　公分. -- (思想系列 ; 75)
ISBN 978-986-453-130-1(平裝)
1.說話藝術 2.溝通技巧 3.人際關係
192.32　　109013870

▶ 能說、好聽、不帶刺的高段說話術 （讀品讀者回函卡）

■ 謝謝您購買本書，請詳細填寫本卡各欄後寄回，我們每月將抽選一百名回函讀者寄出精美禮物，並享有生日當月購書優惠！
想知道更多更即時的消息，請搜尋"永續圖書粉絲團"

■ 您也可以使用傳真或是掃描圖檔寄回公司信箱，謝謝。

傳真電話：（02）8647-3660　　信箱：yungjiuh@ms45.hinet.net

◆ 姓名：＿＿＿＿＿＿＿＿　□男　□女　　□單身　□已婚

◆ 生日：＿＿＿＿＿＿＿＿　□非會員　　□已是會員

◆ E-Mail：＿＿＿＿＿＿＿＿　電話：（ ）＿＿＿＿

◆ 地址：＿＿＿＿＿＿＿＿＿＿＿＿＿＿＿＿

◆ 學歷：□高中及以下　□專科或大學　□研究所以上　□其他＿＿＿＿

◆ 職業：□學生　□資訊　□製造　□行銷　□服務　□金融
□傳播　□公教　□軍警　□自由　□家管　□其他＿＿＿＿

◆ 閱讀嗜好：□兩性　□心理　□勵志　□傳記　□文學　□健康
□財經　□企管　□行銷　□休閒　□小說　□其他＿＿＿＿

◆ 您平均一年購書：□ 5本以下　□ 6～10本　□ 11～20
□ 21～30本以下　□ 30本以上

◆ 購買此書的金額：＿＿＿＿＿＿

◆ 購自：＿＿＿＿＿＿市(縣)
□連鎖書店　□一般書局　□量販店　□超商　□書展
□郵購　□網路訂購　□其他＿＿＿＿

◆ 您購買此書的原因：□書名　□作者　□內容　□封面
□版面設計　□其他＿＿＿＿

◆ 建議改進：□內容　□封面　□版面設計　□其他＿＿＿＿

您的建議：

剪下後傳真、掃描或寄回至「22103新北市汐止區大同路三段194號9樓之1讀品文化收」

廣 告 回 信
基隆郵局登記證
基隆廣字第 55 號

221-03

新北市汐止區大同路三段 194 號 9 樓之 1

讀品文化事業有限公司　收

電話/(02)8647-3663 傳真/(02)8647-3660

劃撥帳號/18669219 永續圖書有限公司

請沿此虛線對折免貼郵票或以傳真、掃描方式寄回本公司，謝謝！

讀好書品嘗人生的美味

能說、好聽、不帶刺的高段說話術